Das
Facebook-Buch

Annette Schwindt

O'REILLY®

Beijing · Cambridge · Farnham · Köln · Sebastopol · Tokyo

Kommentare und Fragen können Sie gerne an uns richten:
O'Reilly Verlag
Balthasarstr. 81
50670 Köln
E-Mail: kommentar@oreilly.de

Copyright:
© 2010 by O'Reilly Verlag GmbH & Co. KG
2. Auflage 2011
3. Auflage 2012

Bibliografische Information der Deutschen Nationalbibliothek
Die Deutsche Nationalbibliothek verzeichnet diese Publikation in der Deutschen Nationalbibliografie; detaillierte bibliografische Daten sind im Internet über http://dnb.d-nb.de abrufbar.

Lektorat: Susanne Gerbert, Köln
Korrektorat: Friederike Daenecke, Zülpich
Satz: Ill-satz, Husby
Umschlaggestaltung: Michael Oreal, Köln
Produktion: Andrea Miß, Köln
Belichtung, Druck und buchbinderische Verarbeitung: Mediaprint, Paderborn

ISBN 978-3-86899-234-2

Dieses Buch ist auf 100% chlorfrei gebleichtem Papier gedruckt.

ÜBER DIE AUTORIN

Annette Schwindt gehört zu den herausragenden Facebook-Experten in Deutschland. Als Webworkerin hilft sie unter dem Namen schwindt-pr anderen, ihre Online-Kommunikation richtig aufzubauen und mit den passenden Schritten im Social Web zu optimieren. Ihr Hauptinteresse gilt dabei den Bereichen Kultur und Soziales.

Seit Mai 2009 schreibt sie regelmäßig über Facebook. In ihrem Agenturblog „In Sachen Kommunikation" trägt sie auf *http://tinyurl.com/neu-fb* kontinuierlich die aktuellsten Informationen zur Entwicklung und Nutzung der Plattform zusammen.

Unter http://www.fbbuch.de können Sie Updates zu diesem Buch abonnieren.

Unter *http://www.schwindt-pr.com/publikationen.html* finden Sie außerdem kostenlose pdf-Downloads zu verschiedenen Facebook-Themen.

Und natürlich ist Annette Schwindt auch auf Facebook vertreten. Auf ihrer Seite *http://www.facebook.com/schwindtpr* können Sie sich mit ihr und anderen zum Thema Facebook austauschen und Fragen stellen.

Inhaltsverzeichnis

Vorwort

Dieses Buch bietet Ihnen eine grundlegende Einführung in die Funktionen von Facebook, die jeder Anwender kennen sollte. Dabei sind vor allem die Informationen zur Einstellung Ihrer Privatsphäre wichtig. Bedenken Sie dabei bitte immer, dass das Internet kein privater, sondern ein öffentlicher Raum ist.

Facebook entwickelt sich derart schnell weiter, dass selbst Fachleute es manchmal schwer haben, mit den Entwicklungen Schritt zu halten.

Tagesaktuelle Informationen zu Facebook finden Sie direkt über meine Facebook-Seite *http://www.facebook.com/schwindtpr* oder über Twitter: *@fb_beratung*. Unter *http://www.delicious.com/annetteschwindt/facebook* finden Sie außerdem meine Bookmarks zu diesem Thema. Detaillierte Ausführungen zu Facebook-Neuerungen finden Sie in meinem Blog unter *http://blog.schwindt-pr.com*.

Ich danke allen Lesern, Fans und Followern, die mit mir immer weiter in den Facebook-Dschungel vordringen. Mein besonderer Dank gilt meiner Lektorin Susanne Gerbert und dem O'Reilly-Team, mit denen ich nun schon in die 3. Auflage vom Facebook-Buch gehe. Und natürlich meinem Mann Thomas für seine unerschütterliche Geduld und Unterstützung!

Annette Schwindt

facebook

Facebook ermöglicht es dir, mit den Menschen in deinem Leben in Verbindung zu treten und Inhalte mit diesen zu teilen.

KAPITEL 1 | Einleitung

Alle reden darüber, immer mehr Menschen nutzen es, aber was genau ist dieses Facebook eigentlich?

Facebook ist das derzeit wichtigste und vielseitigste soziale Netzwerk der westlichen Welt mit über 900 Millionen aktiven Nutzern weltweit.

Wer sich auf Facebook registriert, kann sich mit anderen Nutzern vernetzen und jegliche Art von digitaler Information (Texte, Links, Videos, Fotos) mit ihnen austauschen. So hat sich Facebook zum wichtigsten Online-Medium für das Weitersagen von digitalen Inhalten entwickelt.

Facebook-Nutzer können sich regelmäßig Neuigkeiten zu Themen ihrer Wahl anzeigen lassen, mit anderen darüber diskutieren und auch externe Dienste (wie Twitter) direkt von Facebook aus verwenden. Damit wird Facebook zur allumfassenden Plattform für die Internetkommunikation: ein komplettes Web im Web.

Obwohl es auf den ersten Blick recht simpel aussieht, ist Facebook enorm vielseitig und komplex. In diesem Buch möchte ich Ihnen zeigen, welche Möglichkeiten Ihnen Facebook bietet, worauf Sie beim Umgang mit Facebook achten sollten und wie Sie das Bestmögliche dabei herausholen.

14

Quelle: Annette Schwindt

Treten Sie näher – hier gibt's für jeden was!

Stellen Sie sich Facebook wie einen großen, bunten Marktplatz vor, auf dem Sie und andere Menschen sich treffen und miteinander in Kontakt treten. Und da dieser Marktplatz virtuell ist, kann man sich darauf auch mit Leuten unterhalten, die räumlich weit weg sind.

Dabei kann man sich nicht nur mit einer Person unterhalten, sondern es kommt auch vor, dass Vorbeikommende stehen bleiben und sich am Gespräch beteiligen. Vielleicht sind Sie nicht als zufälliger Besucher des Marktes unterwegs, sondern gezielt dorthin gekommen, um den Infostand Ihres Vereins zu sehen oder sich im Café über die neuesten Nachrichten zu informieren. Vielleicht haben Sie auch selbst einen Stand und treten dort mit Menschen in Kontakt, die zu Ihnen kommen. Und zwischendurch machen Sie auch mal einen Abstecher zur Wurfbude oder zum Wahrsagerzelt, um sich einfach nur unterhalten zu lassen.

Egal wo Sie sich auf diesem Marktplatz befinden: Überall finden Gespräche statt, werden Informationen ausgetauscht, Fragen gestellt, Antworten gegeben, Meinungen geäußert, Nachrichten verbreitet. Manche davon werden nur von einer Person zur anderen geflüstert, andere wiederum werden laut von einer Bühne aus an alle gerichtet. Manche dieser Informationen sind interessant und machen schnell die Runde, andere bleiben, kaum wahrgenommen, als Zettel an einem Stand hängen, bis sie von neuen Zetteln überdeckt werden.

Wie dieser Marktplatz für Sie aussieht, das bestimmen Sie: dadurch, wie Sie sich präsentieren, mit wem Sie sich vernetzen und durch die Art von Informationen, die Sie teilen.

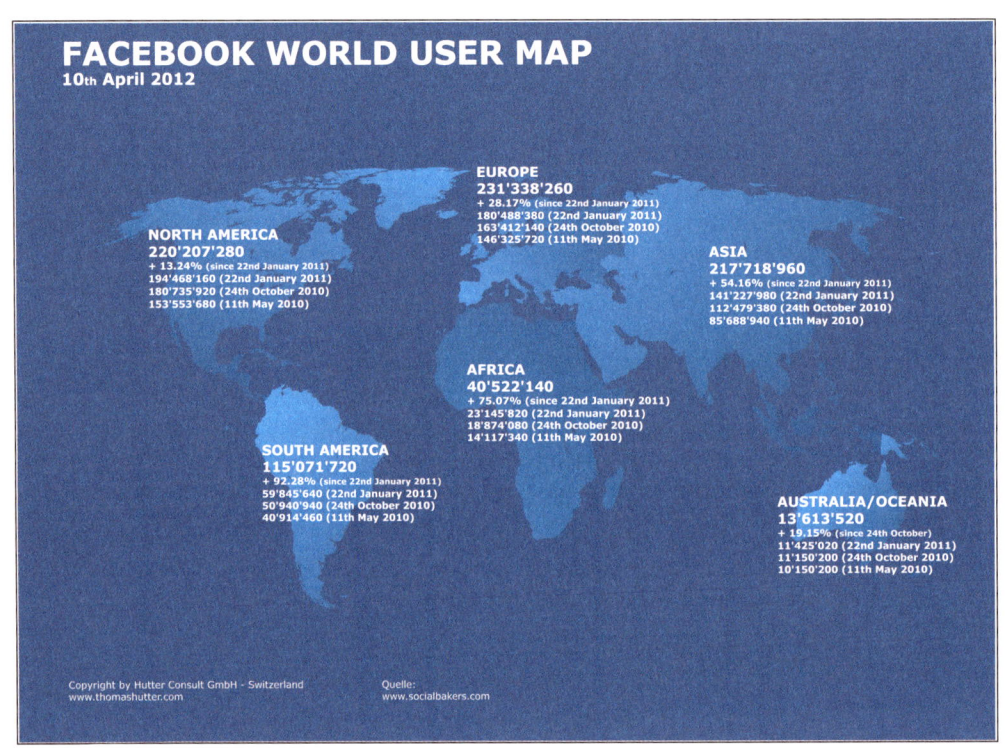

FACEBOOK WORLD USER MAP
10th April 2012

NORTH AMERICA
220'207'280
+ 13.24% (since 22nd January 2011)
194'468'160 (22nd January 2011)
180'735'920 (24th October 2010)
153'553'680 (11th May 2010)

EUROPE
231'338'260
+ 28.17% (since 22nd January 2011)
180'488'380 (22nd January 2011)
163'412'140 (24th October 2010)
146'325'720 (11th May 2010)

ASIA
217'718'960
+ 54.16% (since 22nd January 2011)
141'227'980 (22nd January 2011)
112'479'380 (24th October 2010)
85'688'940 (11th May 2010)

AFRICA
40'522'140
+ 75.07% (since 22nd January 2011)
23'145'820 (22nd January 2011)
18'874'080 (24th October 2010)
14'117'340 (11th May 2010)

SOUTH AMERICA
115'071'720
+ 92.28% (since 22nd January 2011)
59'845'640 (22nd January 2011)
50'940'940 (24th October 2010)
40'914'460 (11th May 2010)

AUSTRALIA/OCEANIA
13'613'520
+ 19.15% (since 24th October)
11'425'020 (22nd January 2011)
11'150'200 (24th October 2010)
10'150'200 (11th May 2010)

Quelle: Hutter Consult GmbH – www.thomashutter.com

Was ist sozial am sozialen Netzwerk?

Facebook ist ein „soziales Netzwerk" – und damit Teil einer allgemeinen Entwicklung, die sich im Internet vollzieht: soziale Netzwerke, Social Media, Social Web. Was ist damit gemeint?

Anders als zu den Anfängen des Internets, als man noch technische Grundkenntnisse wie HTML brauchte, um etwas online zu veröffentlichen, genügt im Zeitalter des sogenannten „Mitmachwebs" (auch „Social Web" oder „Web 2.0" genannt) ein Internetzugang, um ohne großen Aufwand Inhalte zu veröffentlichen, zu kommentieren und vor allem mit anderen zu teilen. Ob auf Bewertungsplattformen wie Qype, via Twitter, im eigenen Blog oder eben in sozialen Netzwerken – um sich Gehör zu verschaffen, ist heute so gut wie kein technisches Fachwissen mehr erforderlich.

In den sozialen Netzwerken kann man mit wenigen Klicks eine eigene Präsenz (ein Profil) erstellen. Über dieses Profil kann man sich mit anderen vernetzen und austauschen. Dabei kann man Texte, Links, Fotos oder Videodateien veröffentlichen (posten) und weitersagen. So kommen virtuelle Gespräche zustande, über die Menschen mit anderen Menschen interagieren, also „sozial" handeln. Daher der Name „soziales Netzwerk".

Tipp

Verwenden Sie im Social Web keine Fantasienamen, sondern treten Sie als Sie selbst mit Ihrem richtigen Namen in Erscheinung. Verhalten Sie sich dabei so, wie Sie sich auch offline in der Öffentlichkeit verhalten würden.

Nutzerentwicklung in Deutschland

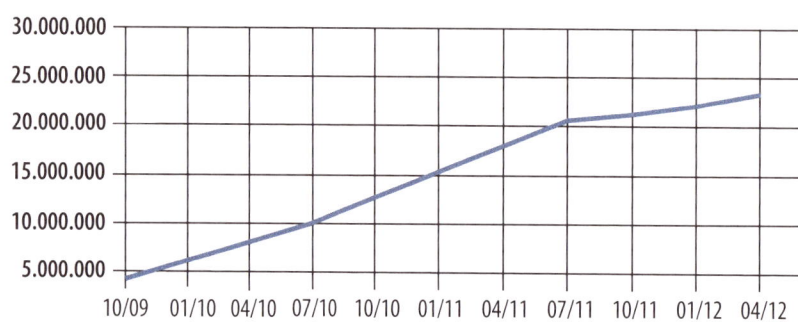

Nutzerentwicklung in der Schweiz und Österreich

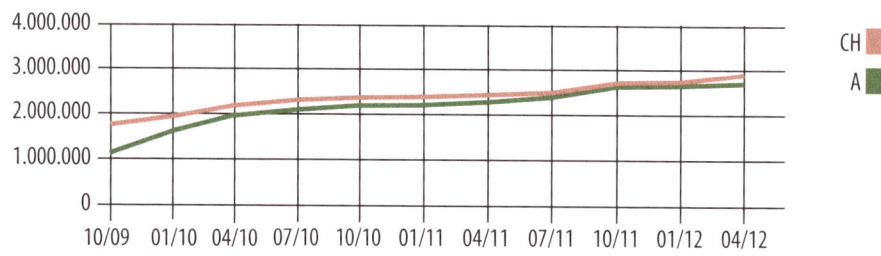

Quelle: socialbakers.com

Über 900 Millionen Nutzer, und es werden immer mehr

Wie beliebt Facebook ist, wird durch die bloßen Nutzungsstatistiken mehr als deutlich. Facebook hat weltweit über 900 Millionen aktive Nutzer. Im März 2012 waren es allein über 23 Millionen Nutzer in Deutschland. Wäre Facebook ein Land, wäre es das drittgrößte der Erde! Aktuelle Nutzerzahlen finden Sie unter *www.socialbakers.com*.

Mehr als die Hälfte der Facebook-Nutzer loggt sich täglich ein. Der durchschnittliche Nutzer ist mit 130 anderen Personen sowie mit 80 Seiten, Gruppen oder Veranstaltungen vernetzt und veröffentlicht monatlich rund 90 Beiträge. Insgesamt werden monatlich rund 30 Milliarden Inhalte mit anderen geteilt! Auf Facebook gibt es über 900 Millionen Seiten, Veranstaltungen, Gruppen und Gemeinschaftsseiten, mit denen die Nutzer interagieren können.

20 Millionen Anwendungen werden täglich auf Facebook installiert. Seit Facebook im April 2010 seine Social Plugins zur Verfügung stellte, werden diese von rund 10.000 weiteren Websites täglich integriert! Insgesamt haben sich so über 2.5 Millionen Websites bereits mit Facebook verbunden.

Über 250 Millionen Menschen nutzen Facebook auch mobil. Mobile Nutzer sind doppelt so aktiv wie nicht-mobile.

Facebook unterstützt über 70 Sprachen (darunter sogar Latein und Piraten-Englisch – eine Spaßsprache), wobei über 300.000 freiwillige Facebook-Nutzer beim Übersetzen geholfen haben.

(Quelle: *http://newsroom.fb.com*)

Foto: Pressefoto Facebook; Abbildung altes Profil: aus dem Video des Abschlussvortrages, Entwicklerkonferenz f8, April 2010

Aus einer Studentenbude in die ganze Welt – Die Facebook-Story

Und so hat alles einmal angefangen: Als Mark Zuckerberg (Foto) mit seinen Studienkollegen Dustin Moskovitz, Chris Hughes und Eduardo Saverin im Februar 2004 in Harvard *thefacebook.com* gründete, ging es zunächst nur um ein College-Netzwerk mit ganz einfachen Profilen (Foto). Schnell wollten die Nutzer aber mehr, sodass auch Gruppen, Veranstaltungen und Fotoalben eingeführt wurden.

Das Netzwerk breitete sich schnell auf weitere Universitäten aus und verzeichnete bereits im Dezember 2004 eine Million Mitglieder! Zu diesem Zeitpunkt hatte sich der Unternehmenssitz schon nach Palo Alto in Kalifornien verlagert. Im August 2005 wurde „Facebook" zum offiziellen Namen der Plattform. Im Laufe des Jahres 2006 wurde u.a. der Bereich für Webentwickler eingeführt. Bis 2007 explodierten die Nutzerzahlen auf über 50 Millionen. Facebook-Werbeanzeigen wurden eingeführt.

Seit März 2008 gibt es Facebook auch in deutscher Sprache. Für die über 100 Millionen Facebook-Mitglieder wurde *Facebook Connect* zur externen Einbindung von Facebook nutzbar gemacht. Facebook wurde zu einem der wichtigsten Traffic-Lieferanten und dem wichtigsten Online-Medium zum Weiterempfehlen von Informationen. Mit der Einführung des *Social Graph* und der Ortsseiten tat Facebook die nächsten Schritte, um das Web zu erobern. „The Social Network", ein Film über die Gründung von Facebook, kam im Oktober 2010 in die Kinos. Mehr zu Facebook können Sie auf *http://newsroom.fb.com* nachlesen.

Mit dem Erscheinen von Google+ und der Datenschutzdiskussion in Deutschland im Sommer 2011 geriet Facebook unter Druck und reagiert mit zahlreichen Änderungen. Zuletzt sorgte das neue Layout namens Chronik (englisch Timeline) für großes Aufsehen. Damit können nun auch vergangene Ereignisse in Facebook festgehalten und zeitlich eingeordnet werden. Inzwischen hat Facebook über 900 Millionen aktive Nutzer.

Annette Schwindt

+1 FreundIn hinzufügen   **Nachricht senden** ⚙ ▼

🏢 Beraterin und Bloggerin bei schwindt-pr
🏠 Wohnt in Bonn, Germany

Info

Eine Odyssee
Tja, dumm gelaufen,
sollte nicht ans ander
Ende der Stadt muss

627

Fotos   Abonnements   Notizen   Abonnenten

 **Annette Schwindt** hat ihr Profilbild aktualisiert.
Vor 13 Stunden

 **Annette Schwindt**
2. April

begrüßt mal wieder alle neuen Abonnenten und freut sich über
ein kurzes Hallo und Vorstellung zurück :-)

Annette Schwindt
4. April

So, wir gucken jetzt gleich den Kaurismäki-Film "Le Havre", den
mein Göttergatte zum Geburtstag geschenkt bekommen hat. Bin
gespannt!

👍 2 Personen gefällt das.

22

Profile, Gruppen, Seiten – Die Struktur von Facebook

Die Begrifflichkeiten von Facebook können anfangs etwas verwirrend sein. Deshalb möchte ich schon hier einen ersten groben Überblick über die grundlegenden Elemente von Facebook geben: Jeder Nutzer hat ein Konto, über das seine Facebook-Präsenz verwaltet wird. Wenn man sich ganz normal als Person registriert, hat man automatisch auch ein persönliches Profil, über das man sich mit anderen vernetzen kann. Jedes persönliche Profil hat eine Chronik, auf der der Profilbesitzer und die mit ihm vernetzten Freunde etwas veröffentlichen können. Diese Beiträge können kommentiert werden, man kann sie weitersagen oder zeigen, dass sie einem gefallen (s. Beispiel links).

Das Erste, was man nach dem Einloggen in Facebook sieht, ist aber die Startseite. Damit ich nicht ständig zwischen all den mit mir vernetzten Profilen und Seiten hin und her springen muss, um zu sehen, was es Neues gibt, werden alle neuen Beiträge auf meiner Startseite aufgelistet. Welche Meldungen mir da angezeigt werden, kann ich genau einstellen. Alle Beiträge hier sind nur eine Kopie der Originalbeiträge an anderer Stelle, lassen sich aber auch direkt von hier aus kommentieren (s. Kapitel 6).

Zusätzlich zu den persönlichen Profilen gibt es auch Seiten („Offizielle Seiten", Ortsseiten und Gemeinschaftsseiten) und Gruppen. Offizielle Seiten (auch Fanseiten genannt) kann man sich wie Websites vorstellen, auf denen sich Unternehmen, Marken, Künstler oder öffentliche Personen offiziell präsentieren. Darum können sie auch nur von offiziellen Repräsentanten gegründet werden. Gruppen hingegen sind so etwas wie private Foren, die von jedermann zum Meinungsaustausch über bestimmte Themen eröffnet werden können.

Profile und Offizielle Seiten können mit Anwendungen erweitert werden. Dies können Einbindungen von anderen Dionsten sein (z.B. Zeitungsartikel, Blogfeed oder Twitter), aber auch Spiele, Quizanwendungen oder Zuneigungsbekundungen. Man wird oft von anderen dazu eingeladen, Anwendungen, die sie nutzen, auch zu verwenden. Man muss solche Einladungen aber nicht jedes Mal annehmen (mehr dazu in Kapitel 3 und 7).

Datenverwendungsrichtlinien

Daten, die wir erhalten, und ihre Verwendung

Erfahre mehr über die Arten von Daten, die wir erhalten, und wie diese Daten verwendet werden.

Teilen von Inhalten und Auffinden deiner Person auf Facebook

Mache dich mit den Privatsphäre-Einstellungen vertraut, die es dir ermöglichen, die Verwendung deiner auf facebook.com vorhandenen Daten zu kontrollieren.

Teilen von Inhalten mit anderen Webseiten und Anwendungen

Erfahre mehr darüber, wie deine Daten an Spiele, Anwendungen und Webseiten übermittelt werden, die du und deine Freunde außerhalb von Facebook nutzen.

Wie Werbung funktioniert

Erfahre, wie Werbeanzeigen ohne Bereitstellung deiner Daten für Werbekunden geschaltet werden, und wie wir Werbeanzeigen mit sozialem Kontext wie Neuigkeiten-Meldungen koppeln.

Minderjährige und Sicherheit

Erfahre mehr über den Schutz von Minderjährigen auf Facebook und was du tun kannst, um sowohl dich selbst als auch andere online zu schützen.

Was du sonst noch wissen solltest

Erfahre, wie wir Änderungen an diesen Richtlinien vornehmen und mehr.

Falls du Fragen oder Beschwerden zu unseren Privatsphäre-Richtlinien oder Maßnahmen hast, schreib uns an 1601 Willow Road, Menlo Park, CA 94025 oder über diese **Hilfeseite**.

Weitere Materialien

Interaktive Funktionen

Facebook und der Datenschutz

Der Datenschutz gehört im Zusammenhang mit Facebook zu den meistdiskutierten Themen. Das rührt daher, dass das US-amerikanische Verständnis von Datenschutz ein ganz anderes ist als das deutsche. Da das bisherige Vorgehen von Facebook in Sachen Privatsphäre nicht nur hierzulande, sondern sogar in den USA für massive Proteste gesorgt hat, hat Facebook Ende Mai 2010 und im September 2011 die Einstellungsoptionen komplett überarbeitet.

Facebook geht es um das Teilen von Informationen und das Zusammenbringen von Menschen mit gleichen Interessen. Bis zu welchem Grad Sie dies in Ihrer Facebook-Präsenz erlauben, können Sie individuell einstellen. Daher wird dieses Thema hier im Buch als eines der ersten zur Sprache kommen.

Der schleswig-holsteinische Beauftragte für Datenschutz hatte im August 2011 sogar dazu aufgefordert, Fanseiten komplett zu löschen und auf den Einsatz der Social Plugins von Facebook zu verzichten.

Bei Drucklegung dieses Buches gab es noch keine endgültige Klärung dieser Datenschutzdiskussion. Erste Zusammenfassungen und weiterführende Infos finden Sie unter *http://wp.me/p1vDK6-1jW* und *http://tinyurl.com/8yazrrl*

Details zur Datenverwendung von Facebook finden Sie unter
https://www.facebook.com/about/privacy/

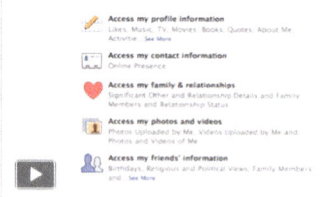

Access my profile information
Likes, Music, TV, Movies, Books, Quotes, About Me, Activities. See More

Access my contact information
Online Presence

Access my family & relationships
Significant Other and Relationship Details and Family Members and Relationship Status

Access my photos and videos
Photos Uploaded by Me, Videos Uploaded by Me and Photos and Videos of Me

Access my friends' information
Birthdays, Religious and Political Views, Family Members and... See More

Neue Anwendungskonsole

Sicherheitsbereich für Familien

Wir glauben, dass Sicherheit ein wichtiges Thema ist und dass wir alle dafür verantwortlich sind. Aus diesem Grund stellen wir dir die Informationen, Werkzeuge und Ressourcen zur Verfügung, die du hier findest.

👍 Gefällt mir   💬 Senden   586.266 Personen gefällt das. Zeige deinen Freunden, dass dir das gefällt.

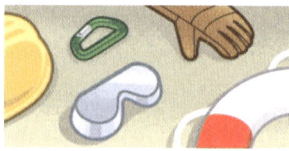

Unsere Philosophie
Sicherheit ist ein Thema für alle Facebook-Nutzer.

Die Facebook-Gemeinschaft
Jeder von uns spielt eine Rolle in der Schaffung einer sicheren Umgebung.

Werkzeuge & Ressourcen
Erfahre mehr über deine Kontoeinstellungen, bewährte Methoden zum Schutz der Sicherheit usw.

Eltern
Hilf deinen Teenagern dabei Facebook auf sichere Weise zu nutzen.

Lehrer
Lerne und lehre, wie soziale Medien klug verwendet werden können.

Jugendliche
Sei schlau. Verhalte dich richtig, wenn du online bist.

Strafvollzugsbehörden
Erfahre, wir Facebook mit den Strafvollzugsbehörden vor Ort zusammenarbeitet.

Verwandte Facebook-Seiten

Facebook Safety Page   **Facebook Security Page**   **Facebook and Privacy Page**

Facebook und der Datenschutz (Fortsetzung)

Als Facebook-Nutzer sollten Sie das Privatsphäre-Kapitel in diesem Buch genau lesen, die Tipps befolgen und sich außerdem überlegen, was und wie viel Sie an eigenen Daten oder an Informationen über Ihre außerhalb von Facebook bestehenden Vernetzungen preisgeben.

Die neuen, zum Teil auch an deutsches Recht angepassten Datenschutzrichtlinien und Erklärungen über Rechte und Pflichten der Nutzer können Sie unter *http://www.facebook.com/about/privacy/* bzw. *http://www.facebook.com/terms.php* nachlesen. Facebook ist und bleibt jedoch eine US-amerikanische Firma. Für europäische Nutzer ist außerdem die Zentrale in Dublin zuständig (Adresse siehe Facebook-Impressum).

Um über zukünftige Änderungen auf dem Laufenden zu bleiben, sollten Sie sich mit der Facebook-Seite *http://www.facebook.com/fbsitegovernance* vernetzen. Sie erhalten dann Updates per Aktualisierung in Ihrem Facebook-Posteingang. Erklärungen und Tutorials zum Thema Privatsphäre finden Sie unter *http://www.facebook.com/fbprivacy*. Erklärungen zur Sicherheit auf Facebook (u.a. mit Tipps für Lehrer und Eltern) gibt es unter *http://www.facebook.com/safety*.

Sie sind Facebook also nicht komplett ausgeliefert, sondern können (und sollten) in Ihren Privatsphäre-Einstellungen genau festlegen, wer was von Ihren Aktivitäten sehen darf. Wie das geht, erkläre ich in Kapitel 3.

Tipp

Seien Sie sich immer darüber im Klaren, dass Ihre Aktivitäten im Internet mehr oder minder öffentlich sind. Faustregel: Was Sie auf dem heimischen Marktplatz nicht laut verkünden würden, sollten Sie auch nicht im Internet veröffentlichen.

Registrieren

Facebook ist und bleibt kostenlos.

Vorname:

Nachname:

Deine Email-Adresse:

E-Mail nochmals eingeben:

Neues Passwort:

Ich bin: Geschlecht auswählen:

Geburtstag: Tag: Monat: Jahr:

Warum muss ich meinen Geburtstag angeben?

Wenn du auf „Registrieren" klickst, akzeptierst du unsere Nutzungsbedingungen und erklärst unsere Datenverwendungsrichtlinien gelesen und verstanden zu haben.

Registrieren

KAPITEL 2 | Erste Schritte

Jetzt aber Schluss mit der Theorie, und ab in die Praxis. Dafür brauchen Sie zunächst einmal ein Konto auf Facebook. Auf *http://www.facebook.com* können Sie sich über das Registrierungsformular für Ihr eigenes Konto anmelden, sofern Sie mindestens 13 Jahre alt sind. Minderjährige Nutzer benötigen das Einverständnis der Eltern. Dabei akzeptiert Facebook keine allgemeinen E-Mail-Adressen wie *info@...* Wie bei allen Social Media sollten Sie hier Ihren richtigen Namen verwenden. Facebook untersagt ausdrücklich das Verwenden von Fantasienamen oder gar das Anlegen mehrerer Konten für ein und dieselbe Person! (Mehr zu den Richtlinien können Sie unter *http://www.facebook.com/legal/terms* nachlesen.)

Bevor Sie dann mit weiteren Einstellungen loslegen, schauen Sie nach der Bestätigungsmail mit einem Link, den Sie zur Aktivierung Ihres Kontos anklicken müssen. Den dazu notwendigen Bestätigungscode erhalten Sie in derselben Mail. (Bei Problemen mit der Bestätigungsmail hilft *http://www.facebook.com/help/?page=199703386740579.*) Zu Ihrem Konto gehört automatisch auch ein persönliches Profil.

Achtung

Überspringen (skip) Sie die folgenden Aufforderungen von Facebook! Das gilt vor allem für die Aufforderung in Schritt 1, Freunde aus Ihrem Adressbuch einzuladen, Ihr Adressbuch also mit Facebook zu synchronisieren! Denn Sie wissen nicht, ob es Ihren Kontakten außerhalb von Facebook überhaupt recht wäre, in die Datenbanken von Facebook aufgenommen zu werden. Haben Sie die Adressbuch-Synchronisation bereits durchgeführt, weil Sie sich der Datenschutzprobleme nicht bewusst waren, können Sie diese unter *http://www.facebook.com/contact_importer/remove_uploads.php* rückgängig machen. Bereits für Einladungen genutzte E-Mail-Adressen können Sie unter *http://www.facebook.com/invite history.php* wieder löschen.

Nichtmitglieder können ihre ungefragt importierte Adresse über folgenden Link entfernen: *http://www.facebook.com/help/contact.php?show_form=database_removal.*

Ihr virtuelles Zuhause einrichten

Zu Ihrem persönlichen Facebook-Profil gelangen Sie von nun an über den Link mit Ihrem Namen im blauen Balken oben rechts. Aber wie das so beim Einzug in ein neues Zuhause ist: Es sieht noch ziemlich leer aus. Kümmern wir uns also erst einmal um die Grundausstattung (später geht's dann auch ans individuelle Dekorieren).

Facebook hat seit September 2011 schrittweise das neue Profillayout namens Chronik eingeführt. Möglicherweise wird Ihnen beim Einrichten eines neuen Profils aber noch das alte Layout angezeigt (obere Abbildung links). Sie sollten dann jedoch einen Hinweis darauf bekommen, dass Sie Ihr Profil auf *Chronik* umstellen können (untere Abbildung links). Tun Sie das am besten sofort, da es sonst zu Anzeigefehlern kommen kann. Das neue Layout wird ohnehin für alle Pflicht.

Das Herzstück Ihres Profils wird die Chronik sein. Hier können Sie und Ihre Kontakte Beiträge hinterlassen, *kommentieren*, *Gefällt mir* bekunden oder Beiträge von anderen weitersagen. Hier werden auch automatisch Meldungen über Ihre neuesten Aktivitäten erscheinen (z.B. dass Sie Facebook beigetreten oder Freund von jemandem geworden sind). Der Pinnwandreiter an sich ist öffentlich, die Sichtbarkeit seiner Inhalte bestimmen aber Sie selbst (s. Kapitel 3).

Als Erstes sollten Sie aber ein Profilfoto hochladen, auf dem Sie gut wiederzuerkennen sind und sympathisch wirken. Dazu brauchen Sie nur auf *Lade ein Foto* hoch zu klicken. Mit dem Bild, das Sie hier hochladen, und Ihrem Namen wird von nun an jeder Beitrag von Ihnen gekennzeichnet sein. Das Profilfoto muss mindestens 180 mal 180 Pixel groß sein. Der Ausschnitt ist immer quadratisch und kann angepasst werden. Den Ausschnitt für das Miniaturbild können Sie über den Link *Bild ändern → Miniaturbild bearbeiten* verschieben. Außerdem können Sie ein Titelbild hochladen, mit dem Sie Ihr Profil individuell verschönern können. Mehr dazu gleich.

Annette Schwindt

Informationen bearbeiten   Aktivitätenprotokoll ⚙ ▾

💼 Beraterin und Bloggerin bei schwindt-pr

Ein Titelbild hochladen

Das Titelbild dient der individuellen Verschönerung Ihres Profils. Sie können es nach Belieben gestalten und wechseln, sollten aber beachten, dass es öffentlich ist. Werbung ist darin nicht erlaubt!

Sie fügen ein Titelbild in Ihr Profil ein, indem Sie auf den Button *Titelbild ändern* klicken. Später erreichen Sie ihn, indem Sie das Titelbild mit der Maus berühren. Über den Button erreichen Sie ein Auswahlmenü zum Hochladen eines neuen Fotos, zum Auswählen eines der Fotos, die Sie bereits hochgeladen haben und zum Bearbeiten des ausgewählten Bildes.

Als Absender Ihrer Beiträge wird aber weiterhin Ihr altes Profilfoto angezeigt, aus dem auch das Miniaturbild zu Ihren Beiträgen kreiiert wird.

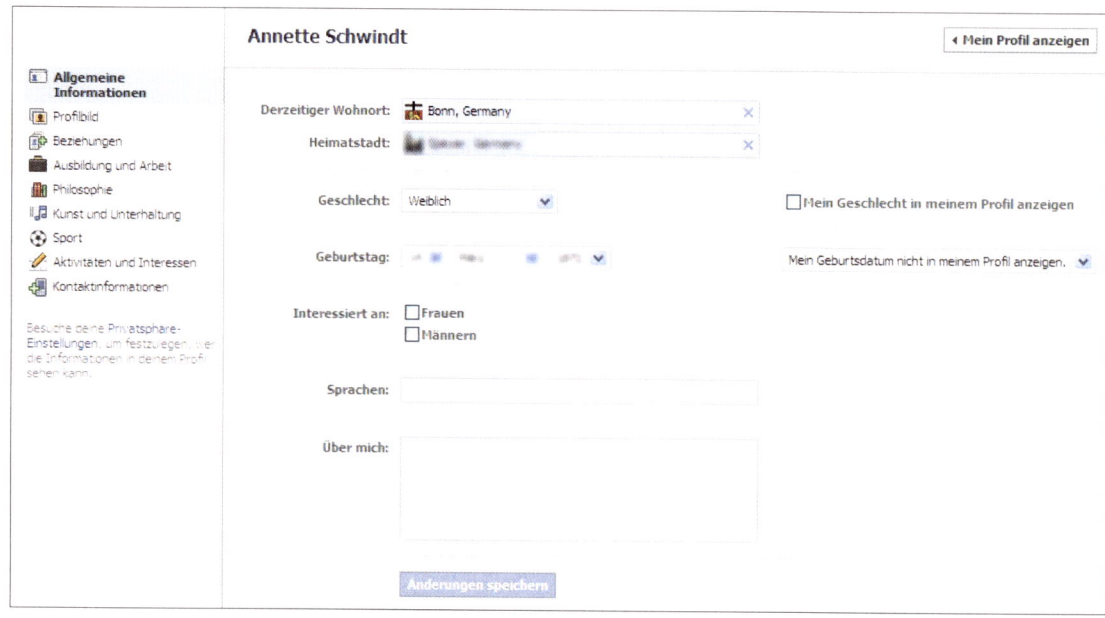

Weitere Informationen eingeben

Als Nächstes sollten Sie Ihr Profil weiter ausfüllen. Klicken Sie dazu auf *Info* unter Ihrem Profilbild.

Jetzt können Sie Informationen zu verschiedenen Themen hinzufügen. Diese Abschnitte können einzeln angeklickt und dann ausgefüllt werden. Welche Felder Sie ausfüllen und welche nicht, entscheiden Sie. Beachten Sie jedoch, dass alles, was Sie hier eintragen, automatisch mit Gemeinschafts- oder Offiziellen Seiten (Fanseiten) verlinkt wird. Dort taucht Ihr Name dann auch öffentlich auf.

Im Abschnitt *Allgemeines* sollten Sie Ihr Geburtsdatum und Ihre für den Login verwendete E-Mail-Adresse unsichtbar machen. Dies regeln Sie über *Bearbeiten* im jeweiligen Bereich und dann über das Sichtbarkeitsicon hinter der jeweiligen Information. Sensible Informationen (wie Ihre Wohnadresse und Telefonnummer) sollten Sie generell für andere unsichtbar oder nur für ausgewählte Freunde sichtbar machen. Wer Sie kontaktieren will, kann dies über die zahlreichen Möglichkeiten innerhalb von Facebook tun.

Achtung

Überlegen Sie sich gut, was Sie ausfüllen und was nicht! So wird z.B. eine Angabe über Ihren Arbeitgeber automatisch verlinkt und damit für andere auffindbar. Möchten Sie das? Je mehr Sie hier ausfüllen, umso mehr Daten kann Facebook z.B. auch für das Einblenden umfeldorientierter Werbung verwenden. (Es sei denn, Sie haben sie abgeschaltet, s. Seite 65.)

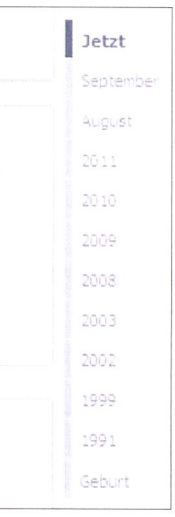

Die Chronik ausfüllen

Mit dem neuen Chronik-Layout können Sie nicht nur jetzt und in Zukunft Beiträge veröffentlichen, Sie können sie auch zurückdatieren. Was Sie dabei eintragen und für wen Sie das sichtbar machen, bleibt Ihnen überlassen.

Sie können die Chronik dazu nutzen, Ihre Online-Reputation zu pflegen, indem Sie bestimmte Einträge bewusst setzen und für andere zugänglich machen. Viele Personalverantwortliche sehen sich heute in Facebook das Profil ihrer Bewerber an. Ein gezielt ausgefülltes Profil, das einen guten Eindruck von Ihnen erweckt, kommt dabei besser an als eines das alles versteckt oder gar nicht erst gefunden werden kann.

Um Beiträge in die Vergangenheit zu datieren, nutzen Sie im Herausgeber (siehe Kapitel 5) den Button mit der *Uhr*. Daraufhin erscheint ein Link *Jahr*, wenn Sie den ausfüllen, *Monat* und dann *Tag*. Sie können aber auch nur Jahr oder nur Jahr und Monat ausfüllen.

Eine weitere Möglichkeit besteht im Anklicken des Buttons *Lebensereignisse* ebenfalls im Herausgeber. Dort können Sie Ihren Beitrag auch einem bestimmten Thema zuordnen.

Sobald Sie einen Beitrag mit Datum posten, wird er dem angegebenen Zeitpunkt zugeordnet und kann über die Zeitleiste oben rechts angesteuert werden.

Tipp

Beiträge können auch jederzeit nachbearbeitet werden. Mehr dazu auf den nächsten Seiten.

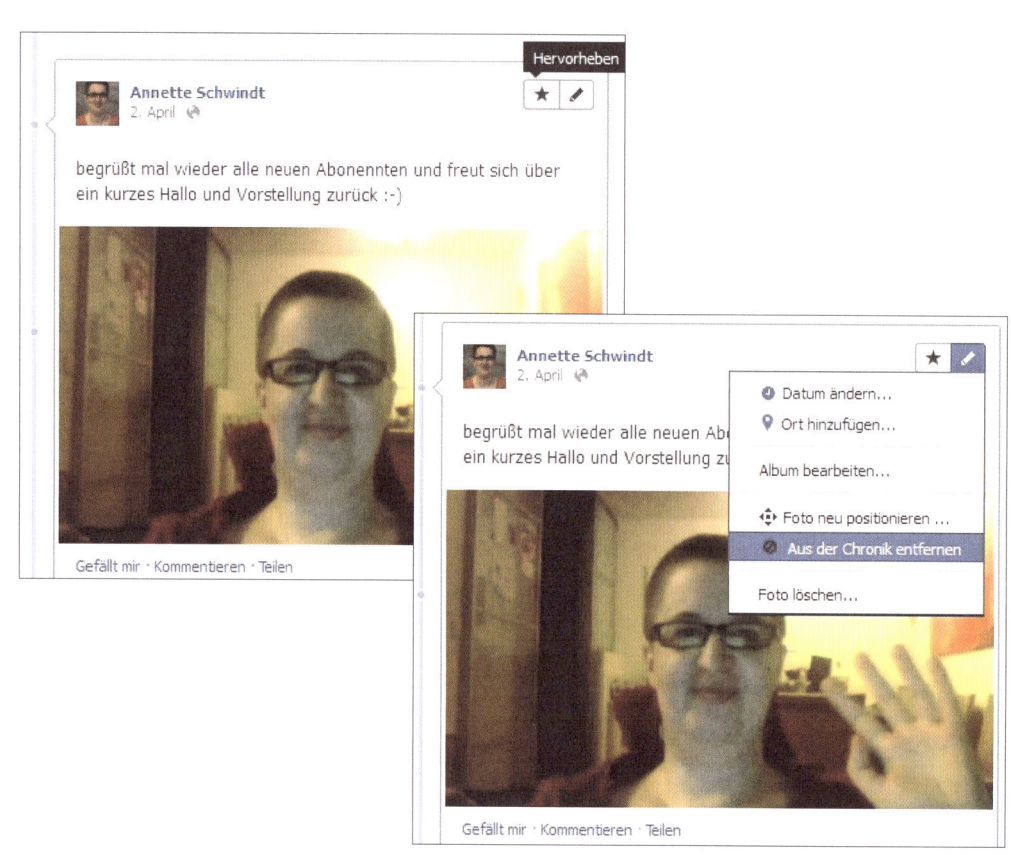

Beiträge hervorheben und nachbearbeiten

Das Chronik-Layout ist zweispaltig. Dabei ist der obere Bereich der rechten Spalte für bestimmte Rubriken wie *Aktivitäten*, neue *Freunde* und *Anwendungen* reserviert. Ihre Beiträge und die Ihrer Freunde (sofern zugelassen, siehe Kapitel 3) erscheinen zunächst in der linken Spalte oben und werden dann mit jedem neuen Beitrag immer eins weiter nach unten geschoben. Wenn die rechte Spalte nach den zuvor genannten Rubriken frei wird, wechseln die nach unten geschobenen Beiträge jedesmal die Spalte, wenn oben ein neuer dazu kommt.

Wenn Sie Lebensereignisse eintragen oder Beiträge hervorheben, werden sie über die Breite von beiden Spalten angezeigt. Hervorheben können Sie Beiträge über den Button mi dem Stern, der erscheint, wenn Sie den Beitrag mit der Maus berühren. Über denselben Button können Sie eine Hervorhebung auch wieder rückgängig machen.

Über den Button mit dem Stift, der ebenfalls beim Überfahren mit der Maus erscheint, können Sie den Beitrag nachbearbeiten. Die Sichtbarkeit eines Beitrags können Sie nachträglich ändern, indem Sie das Sichtbarkeitsicon nach der Zeitangabe (Weltkugel, Köpfe oder Zahnrad) anklicken.

Annette Schwindt

Informationen bearbeiten | **Aktivitätenprotokoll** | ⚙ ▾

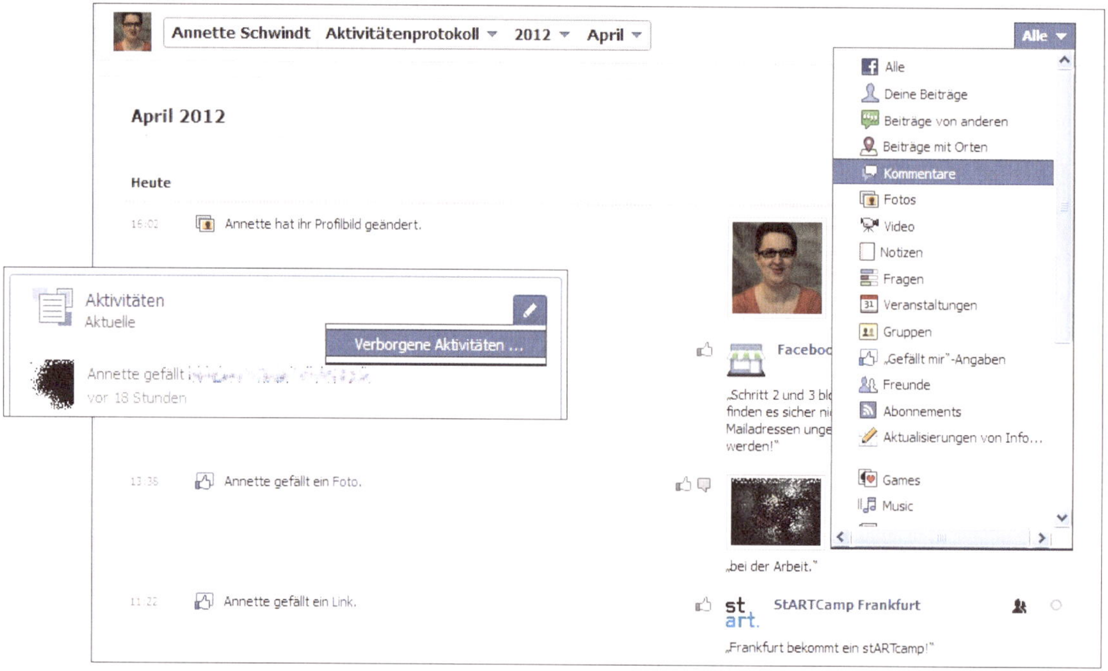

Annette Schwindt Aktivitätenprotokoll ▾ 2012 ▾ April ▾

Alle ▾

April 2012

Heute

15:02 Annette hat ihr Profilbild geändert.

Aktivitäten
Aktuelle

Verborgene Aktivitäten …

Annette gefällt
vor 18 Stunden

| ![f] Alle |
| Deine Beiträge |
| Beiträge von anderen |
| Beiträge mit Orten |
| **Kommentare** |
| Fotos |
| Video |
| Notizen |
| Fragen |
| Veranstaltungen |
| Gruppen |
| „Gefällt mir"-Angaben |
| Freunde |
| Abonnements |
| Aktualisierungen von Info… |
| Games |
| Music |

👍 **Facebook**

„Schritt 2 und 3 blo
finden es sicher nie
Mailadressen unge
werden!"

13:36 Annette gefällt ein Foto.

👍💬

„bei der Arbeit."

11:22 Annette gefällt ein Link.

👍 **st art.** **StARTCamp Frankfurt**

„Frankfurt bekommt ein stARTcamp!"

Ihre Aktivitäten verwalten

Besonders praktisch ist im neuen Chronik-Layout das *Aktivitätenprotokoll*. Dieser nur für den Profilbesitzer sichtbare Link im Kopfbereich oben rechts führt zur Liste aller Aktionen, die Sie jemals auf Facebook getätigt haben. Dabei können Sie nach Datum filtern oder nach Art der Aktivität.

Befindet sich hinter der Meldung ein Kreis, so wurde sie ebenfalls in Ihrer Chronik angezeigt. Ist der Kreis durchgestrichen, wurde die Meldung in der Chronik ausgeblendet. Beides kann hier im Aktivitätenprotokoll jederzeit geändert werden.

Je nach Art der Meldung können Sie sie entweder direkt im Aktivitätenprotokoll nachbearbeiten (zum Beispiel ein *Gefällt mir* zurücknehmen oder bei Beiträge im eigenen Profil die sichtbarkeit ändern) oder Sie können den Beitrag, der der Meldung zugrundeliegt über die Zeitangabe ganz links ansteuern und vor Ort löschen.

Tipp

Sie können einzelne Meldungsarten auch generell aus Ihrer Chronik ausblenden, indem Sie sie im Aktivitätenkasten in der rechten Spalte Ihrer Chronik mit der Maus überfahren, auf das Kreuz dahinter klicken und *Alle... in der Chronik verbergen* auswählen. Wieder einblenden können Sie die verborgenen Meldungsarten über den Stift, der im Aktivitätenkasten erscheint, wenn Sie ihn mit der Maus berühren.

Privatsphäre-Einstellungen

Kontrolliere deine Privatsphäre, wenn du etwas postest

Du kannst die Privatsphäre deiner Statusmeldungen, Fotos und Informationen mithilfe der Inline-Publikumsauswahl verwalten - während du die Inhalte teilst oder im Nachhinein. Denke daran: Die Personen, mit denen du Inhalte teilst, können deine Informationen stets mit anderen Personen oder Anwendungen teilen. Bearbeite die Informationen deiner Chronik, um zu sehen, wie das funktioniert, oder mehr dazu.

Kontrolliere die Standardeinstellung für deine Privatsphäre

Diese Einstellung wird für alle Statusmeldungen und Fotos angewendet, die du von einer Facebook-Anwendung ohne Inline-Publikumsauswahl in deiner Chronik postest - z. B. über Facebook für Blackberry.

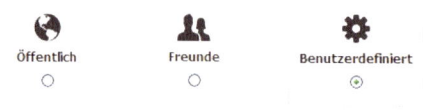

Öffentlich	Freunde	Benutzerdefiniert
○	○	◉

Funktionsweise von Verbindungen
Bestimme, wie du dich mit Personen, die du kennst, verbindest.   Einstellungen bearbeiten

Chronik und Markierungen
Lege fest, was passiert, wenn Freunde dich oder deinen Inhalt/Beitrag in deiner Chronik markieren.   Einstellungen bearbeiten

Anwendungen und Webseiten
Bestimme, welche Informationen mit Anwendungen, Spielen und Webseiten geteilt werden.   Einstellungen bearbeiten

Beschränke das Publikum für ältere Beiträge
Das Publikum für Beiträge beschränken, die du mit Freunden von Freunden oder der Öffentlichkeit geteilt hast   Sichtbarkeit älterer Beiträge verwalten

Blockierte Personen und Anwendungen
Verwalte die Personen und Anwendungen, die du blockiert hast.   Blockierungen verwalten

KAPITEL 3 | Privatsphäre einstellen

Jetzt möchten Sie natürlich Freunde finden und mit dem Veröffentlichen von Beiträgen beginnen. Aber bevor wir dazu kommen, sollten die Voraussetzungen dafür geschaffen werden, dass Ihre weiteren Aktivitäten auch in dem von Ihnen gewollten Rahmen ablaufen! Daher geht's jetzt erst einmal ans Thema Privatsphäre. Auch wenn Sie in diesem Kapitel noch nicht alles verstehen, nehmen Sie das Thema bitte ernst. Es wird Ihnen unliebsame Überraschungen bei Ihren späteren Aktivitäten ersparen.

Über den Pfeil oben rechts im blauen Balken finden Sie den Link *Privatsphäre-Einstellungen*, der Sie zu der hier gezeigten Seite führt. Von hier aus können Sie die generellen Einstellungen zur Sichtbarkeit Ihrer Daten und Beiträge für andere vornehmen. Weitere Einstellungen treffen Sie innerhalb der einzelnen Bereiche Ihres Profils.

Facebook staffelt die Sichtbarkeitsoptionen dabei generell in *Alle, Freunde von Freunden* und *Freunde*. In vielen Bereichen gibt es außerdem die Möglichkeit der benutzerdefinierten Einstellung (*Nur ich*, nur für bestimmte Personen oder Listen oder ausschließlich bestimmter Personen oder Listen).

Tipp

Eine Schnellübersicht zur Privatsphäre finden Sie in meinem Blog unter *http://wp.me/ p1vDK6-1BA*.

Weitere allgemeine Erklärungen zum Thema Privatsphäre erhalten Sie von Facebook unter *http://www.facebook.com/privacy/*.

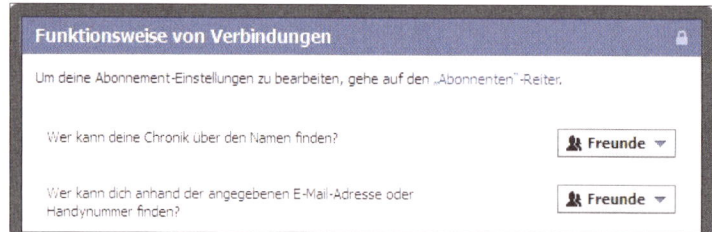

Funktionsweise von Verbindungen 🔒

Um deine Abonnement-Einstellungen zu bearbeiten, gehe auf den „Abonnenten"-Reiter.

Wer kann deine Chronik über den Namen finden?   👥 Freunde ▾

Wer kann dich anhand der angegebenen E-Mail-Adresse oder Handynummer finden?   👥 Freunde ▾

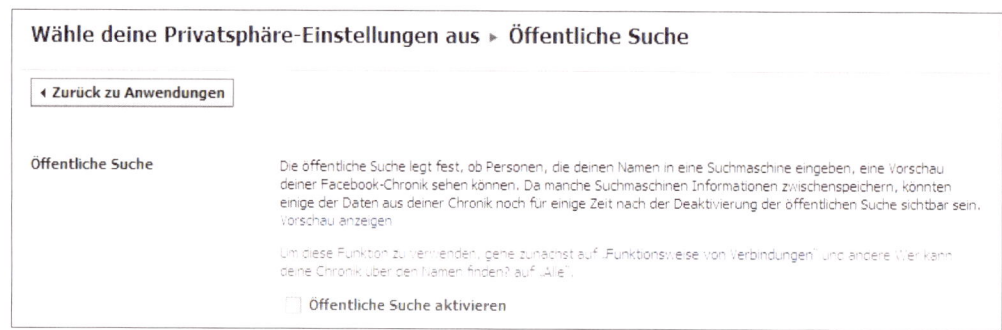

Wähle deine Privatsphäre-Einstellungen aus ▸ Öffentliche Suche

◂ **Zurück zu Anwendungen**

Öffentliche Suche

Die öffentliche Suche legt fest, ob Personen, die deinen Namen in eine Suchmaschine eingeben, eine Vorschau deiner Facebook-Chronik sehen können. Da manche Suchmaschinen Informationen zwischenspeichern, könnten einige der Daten aus deiner Chronik noch für einige Zeit nach der Deaktivierung der öffentlichen Suche sichtbar sein. Vorschau anzeigen

Um diese Funktion zu verwenden, gehe zunächst auf „Funktionsweise von Verbindungen" und andere „Wer kann deine Chronik über den Namen finden? auf „Alle".

☐ Öffentliche Suche aktivieren

Wer darf mein Profil finden?

Es gibt zwei Einstellungen, die Sie für die Sichtbarkeit Ihres Profils für andere beachten sollten:

1. Auffindbarkeit in Facebook

   Ihr Profil kann von jedem Facebooknutzer angesteuert werden, der einen Beitrag von Ihnen sehen kann. Dazu braucht er nur Ihren Namen oder Ihr Foto anzuklicken. Das ist ja auch der Sinn eines sozialen Netzwerks.

   Davon abgesehen können Sie aber steuern, wer Ihr Profil über die facebookinterne Suche finden darf: Unter *Privatsphäre-Einstellungen → Funktionsweise von Verbindungen → Wer kann deine Chronik über den Namen finden?* und *Wer kann dich anhand der angegebenen E-Mail-Adresse oder Handynummer finden?* haben Sie die Wahl zwischen *Alle*, *Freunde von Freunden* oder *Freunde*.

2. Listung in Suchmaschinen

   Ob Ihr persönliches Profil auch von außerhalb auffindbar sein soll, definieren Sie über *Konto → Privatsphäre-Einstellungen → Anwendungen und Webseiten → Einstellungen bearbeiten → Öffentliche Suche*.

   Wenn Sie diese Einstellung aktivieren möchten, sollten Sie außerdem die unter 1. genannte Einstellung auf *Alle* setzen.

Tipp

Wenn Sie die öffentliche Suche später wieder abschalten, kann es einige Zeit dauern, bis Sie nicht mehr in Suchmaschinen gelistet werden, da Suchmaschinen Informationen nicht ständig aktualisieren.

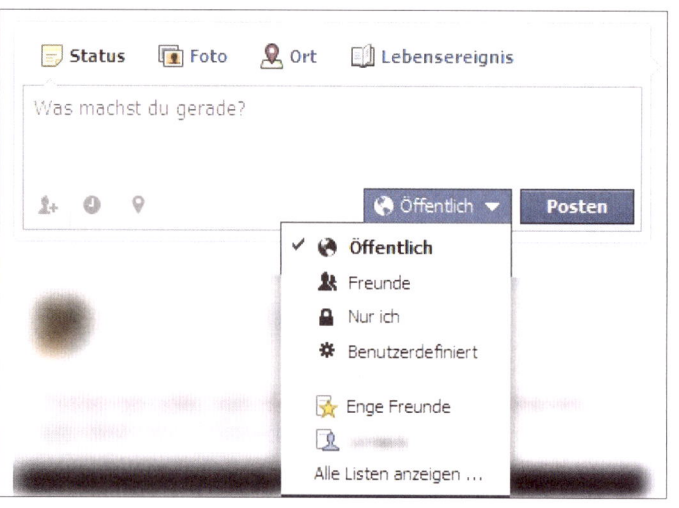

Wer darf meine Beiträge sehen?

Die Pinnwand Ihres Profils an sich ist für alle Facebook-Mitglieder zugänglich (sofern sie Ihr Profil finden), die Sichtbarkeit der Beiträge darin steuern aber Sie:

Die Sichtbarkeit der Beiträge, die Sie auf Ihrer Profil-Pinnwand oder von der Startseite aus in Ihr Profil posten, steuern Sie jeweils über den Herausgeber (siehe Screenshot links). Die hier getroffene Einstellung wird solange auch für weitere Beiträge im eigenen Profil übernommen, bis man sie ändert oder aus einer Listenansicht heraus postet. Dabei haben Sie die Auswahl zwischen

- *Öffentlich* (jeder in Facebook)
- *Freunde* (nur Personen, die mit Ihnen vernetzt sind)
- *Benutzerdefiniert* (für detaillierte Einstellungen)

Wer Ihre Beiträge und Aktivitäten in Profilen von anderen sehen darf, legt der Besitzer des jeweiligen Profils fest über *Privatsphäre-Einstellungen → Chronik und Markierungen → Wer kann sehen, was andere in deiner Chronik posten?* Entsprechend regeln Sie das für die Pinnwandeinträge von anderen in Ihrer Chronik in Ihren eigenen Einstellungen.

Die Sichtbarkeit von Meldungen über Ihre Aktivitäten (z.B: „…hat Beitrag von Max kommentiert") unterliegt denselben Einstellungen wie der Originalbeitrag. Beiträge und Aktivitäten in Gruppen unterliegen deren Sichtbarkeitseinstellungen (s. Kapitel 9). Beiträge und Aktivitäten auf Seiten sind – wie Seiten selbst – öffentlich (s. Kapitel 10).

Die generelle Sichtbarkeit von Beiträgen, die man von einem mobilen Zugang ohne die oben genannte Einstellungsmöglichkeit im Herausgeber veröffentlicht, kann man über *Privatsphäre-Einstellungen → Kontrolliere die Standardeinstellung für deine Privatsphäre* festlegen. Die Facebook-App für mobile Geräte verfügt jedoch über die oben genannte Auswahl.

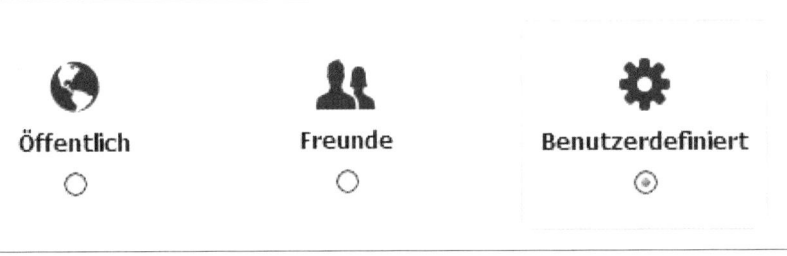

Öffentlich   Freunde   Benutzerdefiniert

Wer darf in meinem Profil kommentieren und eigene Beiträge veröffentlichen?

Wer was in Ihrem Profil tun darf, regeln Sie zunächst über die Sichtbarkeit der Beiträge (s. Seite 47).

Öffentliche Beiträge in Ihrem Profil kann jeder kommentieren, der auf ihn aufmerksam wird. Dazu muss er ihn nicht direkt bei sich im Nachrichtenstrom haben, sondern kann auch beispielsweise über den Kommentar eines Freundes darauf aufmerksam werden und sich von dort aus zu Ihrem Beitrag weiterklicken. Oder er findet Ihr Profil durch einen Ihrer Beiträge anderswo und klickt sich zu Ihrer Pinnwand weiter. Nicht mit Ihnen befreundete Personen können außerdem Ihre öffentlichen Beiträge abonnieren, sofern Sie dies unter *https://www.facebook.com/about/subscriptions* freigeschaltet haben.

Nicht öffentliche Beiträge können auch nur von denen kommentiert werden, für die sie sichtbar sind.

Darüber hinaus regeln Sie über folgende Option, wer eigene Beiträge auf Ihrer Pinnwand hinterlassen darf: *Privatsphäre-Einstellungen → Chronik und Markierungen → Wer kann in deiner Chronik posten?*

Wer die Beiträge außerhalb Ihres Profils kommentieren darf, hängt ebenfalls von deren Sichtbarkeit ab (s. Seite 47). So können Beiträge auf Seiten von jedermann kommentiert werden, während das in Gruppen nur Mitglieder tun können. Im Profil von anderen regelt es der jeweilige Profilbesitzer (s. Seite 47).

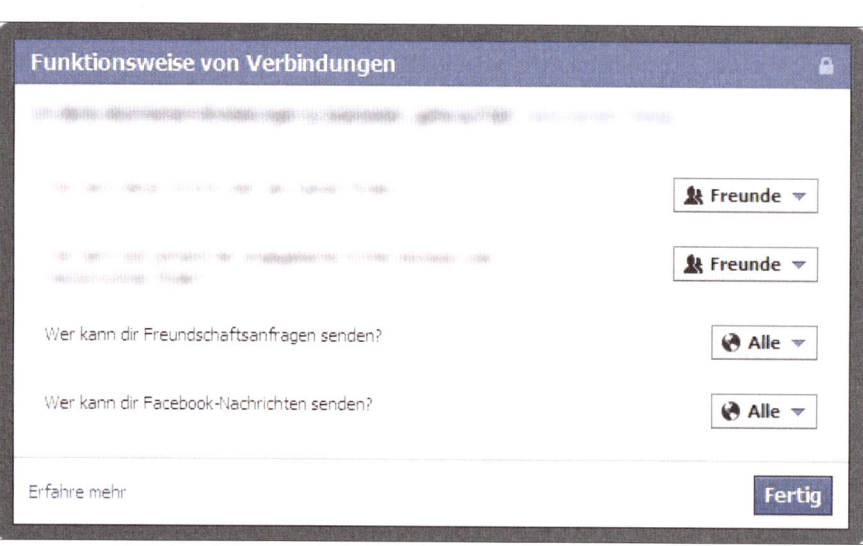

Wer darf mit mir in Kontakt treten?

Wer sich mit Ihrem Profil auf Facebook vernetzen will, hat dazu zwei Möglichkeiten:

- Freundanfrage schicken (mehr dazu s. Kapitel 4), um eine gegenseitige Vernetzung seines Profils mit Ihrem anzubahnen. Wer dies tun darf, definieren Sie unter *Privatsphäre-Einstellungen* → *Funktionsweise von Verbindungen* → *Einstellungen bearbeiten* → *Wer kann dir Freundschaftsanfragen senden?* Hier kann man zwischen *Alle* und *Freunde von Freunden* wählen.
- Einseitig Abonnent Ihrer öffentlichen Beiträge auf Ihrer Pinnwand werden (sofern Sie dies unter *https://www.facebook.com/about/subscriptions* freigeschaltet haben)

Wer sich nicht gleich vernetzen, sondern nur in Kontakt treten will, kann Ihnen zunächst eine private Nachricht (s. Kapitel 8) zukommen lassen, sofern Sie dies erlauben. Wer das darf, legen Sie fest unter *Privatsphäre-Einstellungen* → *Funktionsweise von Verbindungen* → *Einstellungen bearbeiten* → *Wer kann dir Facebook-Nachrichten senden?*

Sie haben hier die Auswahl zwischen *Alle*, *Freunde von Freunden* und *Freunde*.

Tipp

Es empfiehlt sich, den Personen, die Ihnen Freundanfragen schicken können, auch das Senden von privaten Nachrichten zu erlauben, damit diese Ihrer Freundanfrage auch eine Nachricht beifügen können (s. Kapitel 4).

Einzelne Personen können auch komplett daran gehindert werden, mit Ihnen in Kontakt zu treten, indem Sie sie blockieren (s. Kapitel 12).

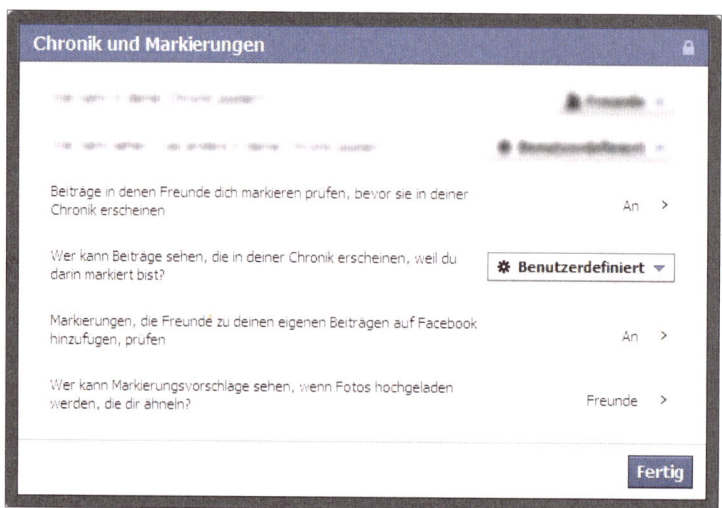

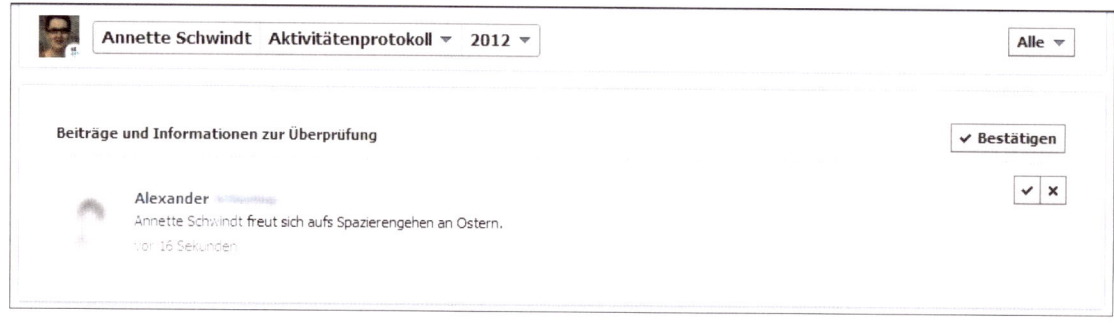

Wer darf Markierungen in meinem Profil sehen?

Sie selbst oder andere können sich in Beiträgen und Fotos verlinken (taggen oder zu Deutsch: markieren). Auch Ortsangaben fallen unter dieses Stichwort.

Wenn jemand anderes Sie markiert, bekommen Sie eine Benachrichtigung dazu. Die Markierung selbst können Sie nicht verbieten. Sie können nur einstellen, ob eine Kopie des Beitrags, in dem Sie markiert wurden, in Ihrer eigenen Chronik erscheinen und für wen diese sichtbar sein soll. Dies definieren Sie über *Privatsphäre-Einstellungen → Chronik und Markierungen → Einstellungen bearbeiten*:

- *Beiträge, in denen Freunde dich markieren, prüfen, bevor sie in deiner Chronik erscheinen*: Wenn Sie dies aktivieren, landet die Benachrichtigung zunächst in Ihrem Aktivitätenprotokoll, und die Beitragskopie kann dort von Ihnen freigegeben werden oder nicht. Betrifft nur Beiträge von anderen!
- *Wer kann Beiträge sehen, die in deiner Chronik erscheinen, weil du darin markiert bist?* legt fest, wer solche Kopien in Ihrer Chronik überhaupt sehen darf.
- *Markierungen, die Freunde zu deinen eigenen Beiträgen auf Facebook hinzufügen, prüfen* betrifft Ihre eigenen Beiträge und Markierungen, die andere darin vornehmen.
- *Wer kann Markierungsvorschläge sehen, wenn Fotos hochgeladen werden, die dir ähneln?* Facebook schlägt Ihren Freunden vor, Sie auf Fotos zu markieren, wenn Ihr Gesicht darauf zu sehen ist. Die Gesichtserkennung lässt sich nicht deaktivieren und beruht auf bereits vorhandenen Markierungen.

Tipp

Unerwünschte Markierungen können auch entfernt werden. Mehr dazu auf den folgenden Seiten.

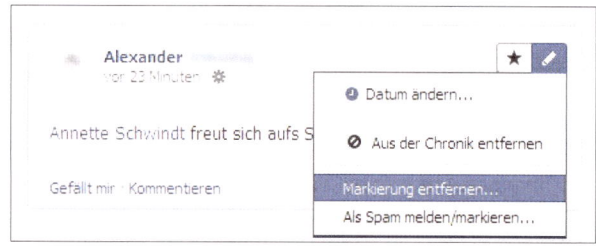

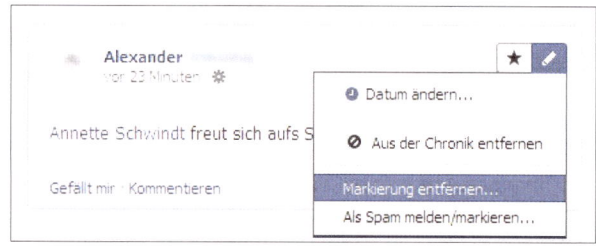

Handelt dieser Beitrag von dir oder einem deiner Freunde? 🔒

Ja, dieser Beitrag handelt von mir oder einer meiner Freunde:

- ◉ Ich möchte diese Markierung entfernen
- ○ Es schikaniert mich
- ○ Es schikaniert einen meiner Freunde

Nein, dieser Beitrag handelt von einem anderem Thema:

- ○ Spam oder Betrug
- ○ Hassreden
- ○ Gewalt oder verletzendes Verhalten
- ○ Sexuell explizite Inhalte
- ○ Das Konto einer meiner Freunde wurde wahrscheinlich kompromittiert oder gehackt

[**Weiter**] [Abbrechen]

Wie kann ich Markierungen wieder entfernen?

Sollten Sie unerwünschterweise irgendwo per Markierung verlinkt worden sein, so können Sie diese Verlinkung und gegebenenfalls auch den gesamten Beitrag entfernen lassen. Das geht aber nur, wenn Sie den betreffenden Beitrag kurz als Kopie in Ihrem Profil zulassen (siehe vorhergehende Seiten).

Um die Markierung aus dem Orginalbeitrag zu löschen, klicken sie auf den Stift oben rechts und dann auf *Markierung entfernen*. Damit wird gleichzeitig die Kopie in Ihrem Profil gelöscht. Daraufhin erscheinen verschiedene Möglichkeiten, vom einfachen Entfernen der Markierung bis hin zum Melden von Missbrauch oder Spam. In der Regel genügt hier der Klick auf *Ich möchte diese Markierung entfernen*.

Möchten Sie nur die Kopie aus Ihrem Profil löschen, die Markierung im Originalbeitrag aber erhalten, wählen Sie *Aus der Chronik entfernen*.

Möchten Sie, dass der ganze Originalbeitrag gelöscht wird, kontaktieren Sie den Absender (am besten per Privatnachricht, s. Kapitel 8) und bitten ihn höflich darum. Als allerletzte Not-Option können Sie den Absender auch blockieren.

Tipp

Bevor Sie eine Markierung entfernen, können Sie überprüfen, für wen dieser Beitrag überhaupt sichtbar ist. Dazu das Sichtbarkeitsicon über dem Beitrag mit der Maus berühren.

Allgemeines

Bearbeiten

Ich bin: Weiblich

☐ Mein Geschlecht in meiner Chronik anzeigen

Geburtstag:

Nur Monat & Tag in meiner Chronik anzeigen

Interessiert an: ☐ Frauen ☐ Männern

Beziehungsstatus: Verheiratet mit

Jahrestag: Monat: Tag: Jahr:

Sprachen:

Religion: Was sind deine religiösen Ansichten?

Beschreibung:

Meine Informationen schützen

Sensible Daten sollten Sie für andere unsichtbar machen und – wo möglich – gar nicht erst eingeben. Was für andere wie sichtbar ist, steuern Sie direkt aus Ihrem Profil heraus über die einzelnen Bereiche. Dort finden Sie hinter allen Eingabefeldern ein Auswahlfeld zum Definieren der Sichtbarkeit (siehe Screenshot links).

Zu den sensiblen Daten gehören in jedem Fall

- E-Mail-Adresse: die Login-Adresse unbedingt auf *Nur ich* setzen, eventuell kann eine weitere Mailadresse hinzugefügt und sichtbar gemacht werden, wenn dies nötig ist. Das ganze kann eingestellt werden unter *Info → Kontaktinformationen*

- Geburtsdatum ist die Standard-Sicherheitsfrage bei vergessenem Passwort, also wenn überhaupt, dann nur für *Freunde* sichtbar machen und *Nur Monat und Tag in meinem Profil anzeigen* wählen unter *Info → Allgemeines → Geburtstag*.

- Postadresse, Telefonnummer sind hier eigentlich überflüssig, da Facebook seinen Nutzern mehrere Möglichkeiten bietet, innerhalb der Plattform miteinander in Kontakt zu treten, und diese über die mobile Nutzung bereits mit dem Handy verknüpft werden können.

Wie Nutzer deine Informationen an Anwendungen weitergeben, die sie nutzen 🔒

Facebook-Nutzer, die dein Profil sehen können, können diese Informationen in Anwendungen übertragen, wenn sie diese verwenden. Dadurch wird ihre Nutzererfahrung besser und sozialer. Verwende die folgenden Einstellungen, um die Arten von Informationen festzulegen, die die Nutzer mitnehmen können, wenn sie Anwendungen, Spiele und Webseiten verwenden.

☐ Biografie   ☐ Meine Fotos

☐ Geburtstag   ☐ Meine Videos

☐ Familie und Beziehungen   ☐ Meine Links

☐ Interessiert an   ☐ Meine Notizen

☐ Religiöse Ansichten und politische Einstellung   ☐ Heimatstadt

☐ Meine Webseite   ☐ Derzeitiger Wohnort

☐ Mein Online-Status   ☐ Ausbildung und Beruf

☐ Meine Statusmeldungen   ☐ Aktivitäten, Interessen, Dinge, die mir gefallen

Falls du nicht möchtest, dass Anwendungen und Webseiten Zugriff auf andere categories of information (z. B. deine Freundesliste, dein Geschlecht oder andere Informationen, die du mit „Allen" teilst) haben, dann deaktiviere alle Plattform-Anwendungen. Beachte aber, dass du dann selber keine Anwendungen und Spiele mehr nutzen kannst.

[Änderungen speichern]   [Abbrechen]

Informationsfluss über Anwendungen kontrollieren

Je mehr Anwendungen (dazu gehören auch Spiele, Quizanwendungen etc.) Sie benutzen und sich dort mit anderen vernetzen, umso größer wird das Netzwerk derjenigen, die theoretisch auf Informationen aus Ihrem Profil (das ja mit jeder Anwendung verknüpft ist) zugreifen könnten.

Über den Bereich *Anwendungen und Webseiten* innerhalb der *Privatsphäre-Einstellungen* können Sie definieren, was andere beim Nutzen von Anwendungen über Sie erfahren dürfen. Dazu zählen nicht nur der Name und das Profilbild, sondern auch Informationen, die nicht unbedingt jeden etwas angehen.

Wenn Sie nicht möchten, dass andere beim Nutzen von Anwendungen Informationen über Sie weitergeben können, dann nehmen Sie unter *Wie Nutzer deine Informationen an Anwendungen weitergeben, die sie nutzen* einfach sämtliche Häkchen aus der dort erscheinenden Liste und speichern das.

Wähle deine Privatsphäre-Einstellungen aus ▸ Blockierungen verwalten

◂ **Zurück zu Privatsphäre**

Freunde zu deiner eingeschränkten Liste hinzufügen

Wenn du Freunde zu deiner „Eingeschränkt"-Liste hinzufügst, können sie nur die Informationen und Beiträge sehen, die du öffentlich zugänglich gemacht hast. Facebook benachrichtigt deine Freunde nicht, wenn du sie zu deiner „Eingeschränkt"-Liste hinzufügst. Liste bearbeiten.

Nutzer blockieren

Wenn du jemanden blockierst, kann diese Person nicht mehr mit dir auf Facebook befreundet sein oder mit dir interagieren (außer in Anwendungen und Spielen, die ihr beide nutzt und deren Mitglieder ihr seid).

Name: [   ] **Blockieren**

E-Mail: [   ] **Blockieren**

- ▪ ████████ ▒ckierung aufheben
- ▪ ████████ Blockierung aufheben
- ▪ ████████ Blockierung aufheben
- ▪ ████████ ▒lockierung aufheben
- ▪ ████████ ▒lockierung aufheben

Anwendungsanfragen blockieren

Sobald du Anwendungseinladungen von einer Person blockierst, werden zukünftige Anwendungsanfragen von dieser Person automatisch ignoriert. Um Einladungen von einem bestimmten Freund zu ignorieren, klicke unten in der neuesten Anfrage auf „Alle Einladungen von diesem/dieser FreundIn ignorieren".

Einladungen blockieren von: [Gib den Namen eines Freundes ein ...]

Veranstaltungseinladungen blockieren

Wenn du Veranstaltungseinladungen von jemandem blockierst, werden alle zukünftigen Veranstaltungseinladungen von diesem Freund automatisch ignoriert.

Einladungen blockieren von: [Gib den Namen eines Freundes ein ...]

Blockierte Personen und Anwendungen

Zurück auf der Hauptseite der Privatsphäre-Einstellungen gibt es dann noch den letzten Punkt *Blockierte Personen und Anwendungen*. Dort können Sie bestimmten Personen über deren Namen oder E-Mail-Adresse jegliche Interaktion mit Ihnen untersagen, bestimmten Kontakten untersagen, Ihnen Anwendungseinladungen zu schicken, und bestimmte Anwendungen ganz blockieren. Über den hinter einer blockierten Person oder Anwendung erscheinenden Link *Blockierung aufheben* können Sie dies auch wieder rückgängig machen.

Achtung

Haben Sie eine Person blockiert, mit der Sie bereits befreundet waren, wird auch die Freundschaft entfernt. Heben Sie die Blockierung später wieder auf, müssen Sie die Freundschaft mit dieser Person erst wieder neu durch eine Freundschaftsanfrage herstellen.

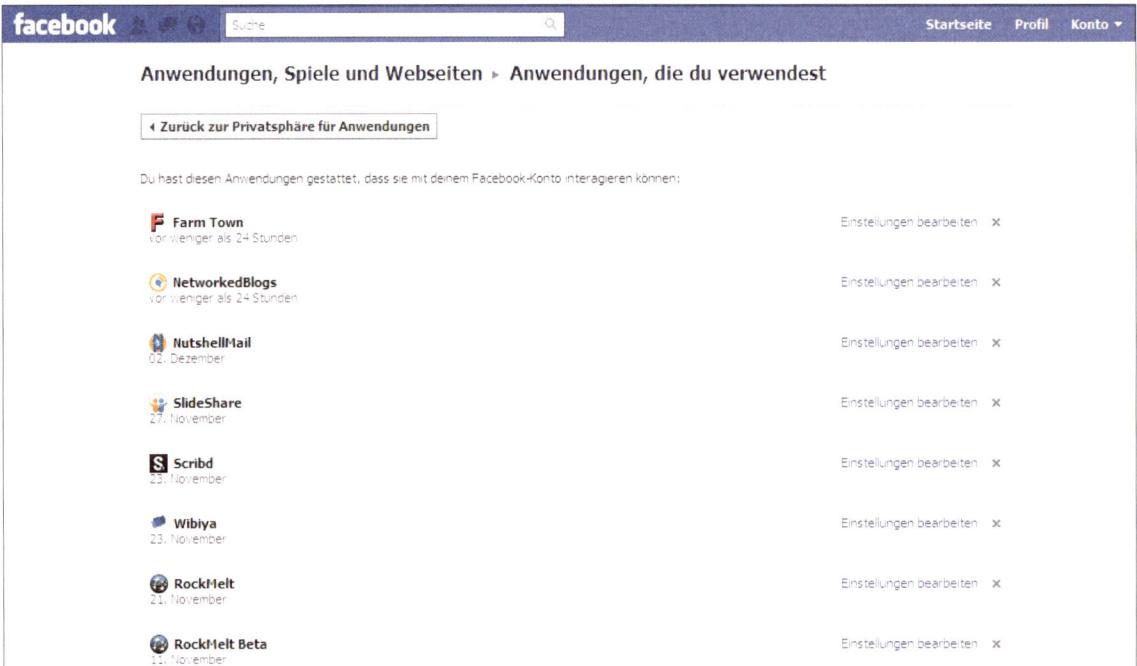

Privatsphäre einzelner Anwendungen

Wenn Sie bisher allen Schritten gefolgt sind, haben Sie die meisten Einstellungen in Sachen Privatsphäre erledigt. Ein Bereich fehlt allerdings noch, und den hat Facebook unter *Privatsphäre-Einstellungen → Anwendungen und Webseiten* versteckt. Über *Bearbeite deine Einstellungen → Anwendungen, die du verwendest → Einstellungen bearbeiten* kann man für jede Anwendung, die man nutzt, einsehen, auf welche Informationen diese zugreifen darf. Gegebenenfalls kann man bestimmte Zugriffsberechtigungen dort auch einzeln entziehen.

Tipp

Über das Kreuzchen am Ende der Zeile kann man jede einzelne Anwendung auch wieder komplett aus seinem Konto entfernen. Räumen Sie hier regelmäßig auf und entfernen Sie Anwendungen, die Sie nicht mehr nutzen.

Allgemein
Sicherheit
Benachrichtigungen
Abonnenten
Anwendungen
Handy
Zahlungen
Facebook-Werbeanzei...

Du kannst zudem zu deinen Privatsphäre-Einstellungen gehen oder deine Chronik bearbeiten, um festzulegen, wer die Informationen dort sehen kann.

Facebook-Werbeanzeigen

Werbeanzeigen, die von Drittanbietern angezeigt werden

Facebook berechtigt Anwendungen Dritter bzw. Werbenetzwerke weder zur Nutzung deines Namens noch zur Nutzung deines Bildes für Werbeanzeigen. Sollten wir dies in Zukunft gestatten, so wird die von dir ausgewählte Einstellung die Nutzung deiner Informationen regeln.

Du kannst durch soziale Plug-ins von Facebook soziale Kontexte auf Webseiten Dritter, unter anderem in Werbeanzeigen, sehen. Obwohl dir soziale Plug-ins eine soziale Nutzererfahrung auf Webseiten Dritter ermöglichen, teilt Facebook deine Informationen nicht mit den Webseiten der Drittparteien, auf welchen sich die sozialen Plug-ins befinden. Erfahre mehr über soziale Plug-ins.

Einstellungen für Werbeanzeigen von Drittanbietern bearbeiten

Werbeanzeigen und Freunde

Alle möchten wissen, was ihren Freunden gefällt. Darum kombinieren wir Werbeanzeigen mit Freunden - so kannst du basierend auf den „Gefällt mir"-Angaben und geteilten Inhalten deiner Freunde ganz einfach Produkte und Dienstleistungen finden, an denen du interessiert bist. Erfahre mehr über soziale Werbeanzeigen.

Hier sind die Fakten:

- Soziale Werbeanzeigen zeigen die Botschaften von Werbetreibenden zusammen mit von dir durchgeführten Handlungen, z. B. dem Anklicken von „Gefällt mir" auf einer Seite
- Soziale Werbeanzeigen unterliegen deinen Privatsphäre-Einstellungen
- Wir verkaufen deine Informationen nicht an Werbekunden
- Nur bestätigte Freunde können deine Handlungen zusammen mit Werbeanzeigen sehen
- Wenn ein Foto verwendet wird, handelt es sich dabei um dein Profilbild und nicht um ein Bild aus deinen Fotoalben

Einstellungen für soziale Werbeanzeigen bearbeiten

Umfeldorientierte Werbung über mich zulassen/abschalten

Facebook kann Ihre Freunde über Ihre Aktivitäten auch mittels der sogenannten *umfeldorientierten Werbung* informieren. Darunter versteht man kleine Werbeanzeigen, die für Ihre Freunde eingeblendet werden und die versuchen, diese zu einer Handlung anzuregen, die Sie bereits vorgenommen haben. Eine solche Handlung ist z.B. das Anklicken von „Gefällt mir" auf einer bestimmten Seite.

Unter *Kontoeinstellungen* → *Facebook-Werbeanzeigen* können Sie einstellen, ob Ihre Freunde oder niemand solche umfeldorientierten Werbeanzeigen über Sie zu sehen bekommt.

Achtung

Diese Einstellung gilt nur für Handlungen in Verbindung mit Facebook selbst! Handlungen, die über Anwendungen getätigt werden, fallen nicht darunter! Diese müssen über die Anwendungseinstellungen geregelt werden (s. Kapitel 7).

Wähle deine Privatsphäre-Einstellungen aus ▸ Umgehende Personalisierung

◂ Zurück zu Anwendungen

**Umgehende
Personalisierung**

We've partnered with a few websites to provide you with great, personalized experiences the moment you arrive, such as immediately playing the music you like or displaying friends' reviews. To tailor your experience, these partners only access public information (like your name and profile picture) and information available to everyone.

When you first arrive at the following sites, you'll see a notification message and an option to turn off the personalized experience:

- Bing - Social Search
- Pandora - Personalized Music
- TripAdvisor - Social Travel
- Yelp - Friends' Local Reviews
- Rotten Tomatoes - Friends' Movie Reviews
- Clicker - Personalized TV Recommendations
- Scribd - Social Reading
- Docs - Document Collaboration

To turn off instant personalization on all partner sites, uncheck the box below.

☑ Umgehende Personalisierung auf Partnerseiten zulassen.
Hinweis: Die umgehende Personalisierung steht dir noch nicht zur Verfügung.

Umgehende Personalisierung erlauben/ verbieten

Eine Funktion, die in den USA bereits aktiv ist, ist die „umgehende Personalisierung". Bei uns ist dies noch nicht der Fall. Sie sollten aber die dazugehörige Privatsphäre-Einstellung im Auge behalten: *Konto → Privatsphäre-Einstellungen → Anwendungen und Webseiten → Umgehende Personalisierung.*

Bei der umgehenden Personalisierung handelt es sich um die Anbindung kompletter Websites an den Social Graph von Facebook. Diese Anbindung äußert sich darin, dass ein Besucher dieser Website, wenn er gleichzeitig im selben Browser in Facebook eingeloggt ist, auf ihn persönlich zugeschnittene Zusatzinformationen bekommt. So sieht er dann zum Beispiel, ob und wenn ja welcher seiner Freunde etwas auf dieser Website weiterempfohlen oder etwas kommentiert oder bewertet hat.

Laut Facebook wird dem Besucher einer teilnehmenden Website eine Benachrichtigung angezeigt und erklärt, wie die personalisierte Nutzererfahrung mit einem Klick abgeschaltet werden kann. Nutze man die umgehende Personalisierung, so würden die persönlichen Informationen nicht an Werbekunden weitergegeben.

Weitere Informationen gibt es unter *http://www.facebook.com/instantpersonalization.*

Freunde

+ Liste erstellen

- ⭐ Enge Freunde
- 📇 Bekannte
- 🏠 Familie
- 🎓 Gymnasium
- 📍 Bonn-Umgebung
- 🚫 Eingeschränkt
- 👤 Bücher
- 👤 Freunde
- 👤 Kollegen
- 👤 Kontakte
- 👤 Künstler
- 💼 schwindt-pr

KAPITEL 4 | Freunde finden und verwalten

Jetzt sind alle Voraussetzungen dafür geschaffen, mit anderen in Kontakt zu treten. Finden Sie zunächst heraus, wer von Ihren Freunden bereits auf Facebook aktiv ist. Dazu gibt es mehrere Möglichkeiten:

- über die Suche im blauen Balken oben
- über den Freundefinder unter *http://www.facebook.com/find-friends/browser*

Vermeiden Sie die Eingabe von fremden E-Mail-Adressen oder den Import von Kontaktdaten aus anderen Diensten sowie die Vernetzung mit Ihrem E-Mail-Adressbuch (siehe Kasten unten). Nutzen Sie für das Suchen von Namen das Suchfeld oben.

Haben Sie im Info-Bereich Ihres Profils etwas zu Ihren Schulen, Ausbildungsplätzen oder beruflichen Positionen eingegeben, dann können Sie über die Links unter diesem Suchfeld nach Personen suchen, die Sie von dort kennen. Möglicherweise werden Ihnen Freunde vorgeschlagen, die Sie kennen könnten. Sie können maximal 5000 Freunde in Ihrem Facebook-Profil haben.

Achtung

Die Optionen *für das Importieren von Kontakten* sollten Sie mit Vorsicht genießen, da diese sich an Personen richten könnten, die noch nicht auf Facebook registriert sind und vielleicht auch nicht möchten, dass Facebook Zugriff auf die von Ihnen eingegebenen Daten erhält. Haben Sie die Adressbuch-Synchronisation bereits durchgeführt, weil Sie sich der Datenschutzprobleme nicht bewusst waren, können Sie diese unter *http://www.facebook.com/contact_importer/remove_uploads.php* rückgängig machen und die E-Mail-Adressen unter *http://www.facebook.com/invite_history.php* entfernen. Nichtmitglieder können ihre ungefragt importierte Adresse über folgenden Link entfernen: *http://www.facebook.com/help/contact.php?show_form=database_removal*

Annette Schwindt +1 FreundIn hinzufügen   ᔕ Abonnieren   Nachricht senden ⚙ ▾

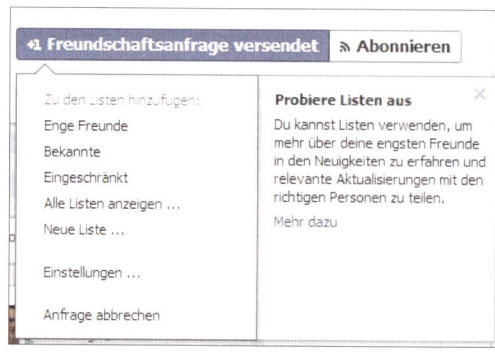

+1 **Freundschaftsanfrage versendet**   ᔕ Abonnieren

Zu den Listen hinzufügen:

Enge Freunde

Bekannte

Eingeschränkt

Alle Listen anzeigen ...

Neue Liste ...

Einstellungen ...

Anfrage abbrechen

Probiere Listen aus

Du kannst Listen verwenden, um mehr über deine engsten Freunde in den Neuigkeiten zu erfahren und relevante Aktualisierungen mit den richtigen Personen zu teilen.

Mehr dazu

Freundschaftsanfragen versenden

Ihre Suchanfrage wird Sie zu einer einzelnen Person oder einer Liste von Personen führen. Welches die richtige Person ist, erkennen Sie hoffentlich am Profilbild.

Hinter den Namen findet sich der Link *FreundIn hinzufügen*. Dabei ist dieses „Freund" nicht im eigentlichen Wortsinn zu verstehen. Es bezeichnet vielmehr eine andere Privatperson auf Facebook, mit der Sie sich vernetzt haben. „Kontakt" wäre hier eigentlich passender als „Freund". Nehmen Sie den Begriff also besser nicht zu wörtlich (s. Facebook-Lexikon am Ende dieses Buches).

Beim Klick auf *FreundIn hinzufügen* wird die betreffende Person benachrichtigt und kann Ihre Freundschaftsanfrage bestätigen oder ablehnen. Wird die Freundschaftsanfrage bestätigt, werden auch Sie benachrichtigt. Freundschaftsanfragen funktionieren immer beidseitig!

Wenn die Person, der Sie eine Freundschaftsanfrage schicken, auch den Nachrichten-Button für Sie freigegeben hat (siehe Kapitel 8), dann nutzen Sie die Nachrichtenfunktion für eine kurze Ansprache und Begründung für Ihre Anfrage. So sieht der Empfänger, dass es Ihnen auch wirklich um ihn geht und nicht nur darum, Ihre Freundeszahl hochzuschrauben.

Tipp

Sollten Sie eine noch unbeantwortete Freundschaftsanfrage wieder zurücknehmen wollen, können Sie das im Profil der jeweiligen Person tun, indem Sie dort auf den Button *Freundschaftsanfrage versendet* klicken. Durch das Versenden einer Freundschaftsanfrage erhält der Angefragte Einsicht in Ihr Profil!

Versenden Sie nur Freundschaftsanfragen an Personen, die Sie kennen oder mit denen Sie bereits in Kontakt waren. Versendet jemand zuviele Freundschaftsanfragen auf einmal oder wird oft von anderen abgelehnt, registriert Facebook das und kann das Versenden von solchen Anfragen für Sie sperren! Freundschaftsanfragen sollten nicht für Marketingzwecke verwendet werden!

Freundschaftsanfragen bekommen

Wenn Ihnen jemand eine Freundschaftsanfrage schickt, erscheint dazu links oben im blauen Balken unter der Rubrik *Freundschaftsanfragen* (Köpfe-Icon) eine kleine rote Zahl. Von hier aus können Sie die Freundschaftsanfrage nur direkt annehmen (*Bestätigen*) oder die Entscheidung mit *Nicht jetzt* vertagen oder den Namen der angezeigten Person anklicken, um weitere Informationen über diese Person einzusehen.

Wenn Sie eine Freundschaftsanfrage bestätigen, können Sie den neuen Kontakt gleich einer Liste zuordnen. Außerdem erscheint danach in Ihrem sowie im Profil des Anfragenden eine Meldung dazu. Das Vernetzen als Freund funktioniert immer gegenseitig! Wenn also Max eine Freundschaftsanfrage an Lisa schickt und Lisa diese annimmt, ist Max Freund von Lisa und Lisa automatisch auch Freundin von Max.

Tipp

Sie müssen nicht jede Freundschaftsanfrage annehmen, selbst wenn Sie die Person kennen. Sie entscheiden, wer sich mit Ihrem Profil vernetzen darf und wer nicht. Wenn Sie eine Freundschaftsanfrage ablehnen, wird der Anfragende darüber nicht eigens informiert. Es findet nur einfach keine Vernetzung statt. Sie können auch durch Anklicken des Namens des Anfragenden zu dessen Profil gehen und ihn dort via *Nachricht schicken* kontaktieren, bevor Sie über die Anfrage entscheiden. Oder weisen Sie ihn darauf hin, dass er Ihre öffentlichen Beiträge auch ohne Freundesvernetzung abonnieren kann (sofern Sie dies unter *https:// www.facebook.com/about/subscriptions* freigeschaltet haben).

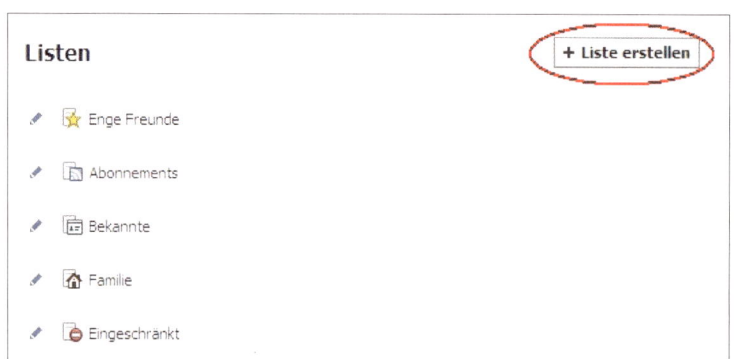

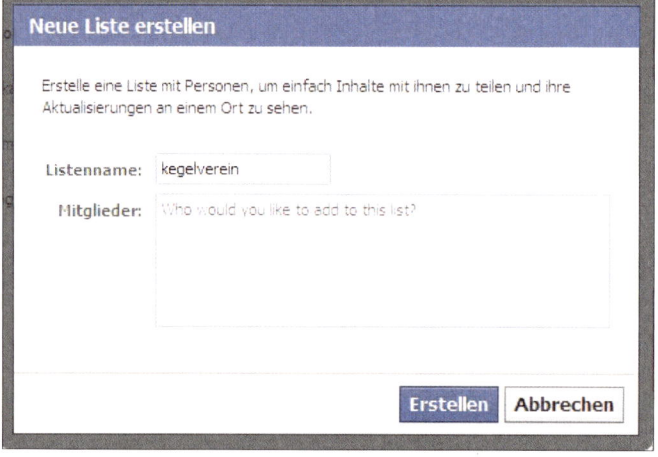

Eigene Freundeslisten anlegen

Sie sollten Ihre Freunde in verschiedene Kategorien, sogenannte Freundeslisten, einteilen. Diese Listen brauchen Sie, um folgende Bereiche Ihrer Facebook-Aktivitäten zu organisieren:

- Benutzerdefinierte Privatsphäre-Einstellungen nach Freundesliste (s. Kapitel 3)
- Beiträge nur für bestimmte Freundeslisten veröffentlichen (s. Kapitel 5)
- Filtern der Meldungen auf der Startseite nach Freundesliste (s. Kapitel 6)
- Filtern der Chat-Verfügbarkeit (s. Kapitel 8)

Ihre Listen verwalten Sie über die linke Spalte auf der Startseite: Wenn Sie die dort bereits angezeigen Listen mit der Maus überfahren, erscheint *Mehr* rechts daneben. Wenn Sie darauf klicken, kommen Sie zur eigentlichen Listenverwaltung und können dort bestehende Listen bearbeiten (Facebook schlägt Ihnen einige vor, die sie jedoch nicht benutzen müssen) oder eigene erstellen.

Bei den vorgegebenen Listen gilt zu beachten, dass die Liste *Eingeschränkt* für Personen gedacht ist, für die nur Ihre öffentlichen Beiträge sichtbar sein sollen.

Ordnen Sie jede Person möglichst nur in eine Liste ein. Um Beiträge nur mit bestimmten Leuten zu teilen, können Sie diese auch zu Gruppen hinzufügen.

Tipp

Ordnen Sie auch die Seiten, von denen Sie Fan sind, in Listen ein, um kein Update zu verpassen. Seitenbeiträge landen nämlich nicht immer im allgemeinen Newsfeed (siehe Seite 201). Das können Sie mit normalen Listen oder mit Interessenlisten tun. Letztere können auch für andere zum Abonnieren weitergegeben werden (siehe Kapitel 10).

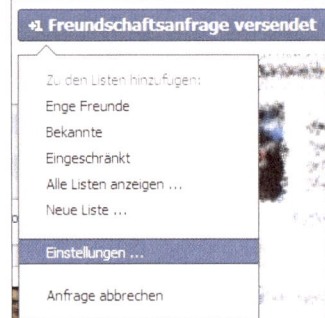

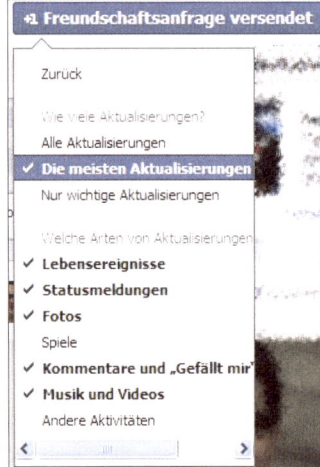

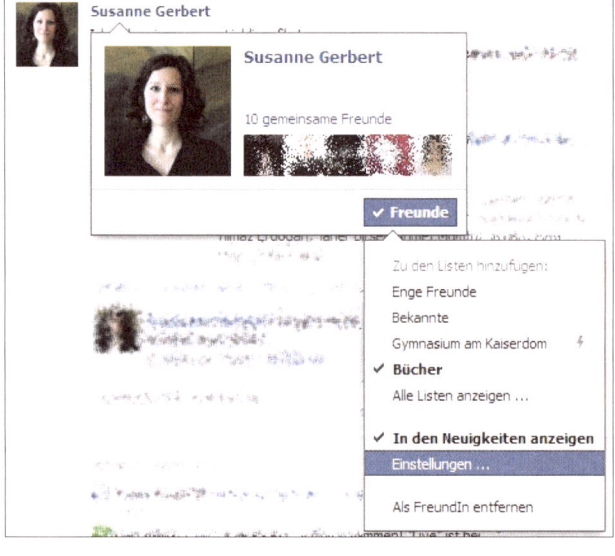

Weitere Einstellungen für Freunde

Wenn Sie jemandem eine Freundschaftsanfrage schicken, können Sie ihn gleich in die passende Liste einordnen. Dazu überfahren Sie nochmals den Button *Freundschaftsanfrage versendet* mit der Maus. Dann erscheint ein Menü mit Ihren Listen und auch einem Link zum Erstellen einer neuen Liste.

Über *Einstellungen* können Sie außerdem definieren, über welche Arten von Meldungen Sie von dieser Person überhaupt informiert werden wollen.

Dasselbe können Sie auch jederzeit mit bestehenden Freunden tun und ändern, indem Sie deren Namen mit der Maus überfahren oder in deren Profil den *Freunde*-Button.

Das gilt auch für Personen, die Sie abonniert haben, wobei Sie diese Personen nur zu Interessenlisten, nicht aber zu anderen Listen hinzufügen können.

Benutzerdefinierte Einstellungen mit Freundeslisten

Sie können Freundeslisten unter anderem dazu nutzen, Ihre Privatsphäre-Einstellungen benutzerdefiniert zu gestalten (s. Kapitel 3). So möchten Sie z.B. Ihre Urlaubsfotos oder den Beziehungsstatus für Familie und enge Freunde sichtbar machen, für Ihre Arbeitskollegen aber nicht. Wenn Sie Ihre Vernetzungen auf Facebook über Freundeslisten entsprechend strukturiert haben, ist das überhaupt kein Problem.

Gehen Sie zu den Privatsphäre-Einstellungen des betreffenden Bereichs, und wählen Sie *Benutzerdefiniert*. Hier können Sie z.B. Folgendes einstellen: *Dies sichtbar machen für* → *Nur Freunde* und *Das vor folgenden Personen verbergen* → *[Name der Liste, die ausgeschlossen werden soll]*.

Sie könnten aber auch einstellen: *Dies sichtbar machen für* → *Diese Personen* → *Bestimmte Personen* → *[Name der Liste, die das sehen dürfen]*.

Sie können hier auch mehrere Listen angeben. Dasselbe ist auch mit einzelnen Personen oder Kombinationen von Personen und Listen möglich.

Tipp

Auf diese Weise können Sie auch eine eigene Liste für Personen kreieren, denen Sie zwar eine Vernetzung mit Ihnen erlauben, die Einsicht in persönliche Bereiche aber nicht gestatten wollen. Das ist ganz nützlich für Freundschaftsanfragen von Personen, die man nicht so gut kennt, deren Anfrage man aber nicht ablehnen möchte. Erstellen Sie eine Liste für diese Personen (z.B. mit dem Namen „nichtalles"), und definieren Sie die Sichtbarkeit Ihres Profils etc. für diese wie oben beschrieben.

Freundeslisten bearbeiten oder löschen

Sollten Sie Ihre Freundeslisten neu strukturieren wollen oder eine Liste einfach nicht mehr brauchen, können Sie diese natürlich auch bearbeiten oder wieder löschen.

Dazu öffnen Sie die betreffende Liste über die linke Spalte auf der Startseite (gegebenenfalls müssen Sie zuerst *Mehr* anklicken) und gehen dann oben rechts auf *Liste verwalten*.

Von hier aus können Sie die Liste umbenennen, Mitglieder hinzufügen oder rausnehmen, bestimmen, welche Art von Meldungen Sie über den Listenfeed sehen wollen, und die komplette Liste wenn gewünscht auch löschen.

Beim Verwalten der Listen können Sie nicht nur Freunde, sondern auch Seiten und Abonnements hinzufügen.

Tipp

Wenn Sie eine Liste löschen, löschen Sie nur die Zuordnung der darin enthaltenen Freunde, Seiten und Abonnements zu dieser Liste, nicht die Freunde, Seiten oder Abonnements selbst!

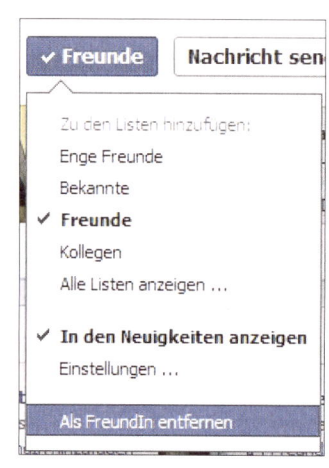

Vernetzungen löschen

Wenn Sie bestimmte Vernetzungen mit Personen, Gruppen oder Seiten wieder löschen möchten, müssen Sie dies je nach Art der Vernetzung an verschiedenen Stellen tun.

Die Vernetzung mit Freunden und Seiten können Sie entfernen. Bei Personen mit dem alten Profillayout befindet sich der Link dazu hinter dem Button *Freunde*. Auf Seiten klicken Sie unten links auf *Gefällt mir nicht mehr*.

Die Vernetzung mit Gruppen können Sie entfernen, indem Sie zur betreffenden Gruppe gehen und dort auf *Gruppe verlassen* klicken. Ihre Gruppen finden Sie am einfachsten über die linke Spalte auf der Startseite (mehr dazu in Kapitel 9).

Tipp

Wenn Sie eine Vernetzung entfernen, wird der Freund oder Administrator der Seite/Gruppe nicht eigens darüber informiert. Er/sie wird dann nur sehen, dass die Anzahl der Vernetzungen abgenommen hat.

Freundschaften durchstöb

 Du und Caterina

 Du und Inger

 Du und Andreas

Gib deinen Namen oder den Namen eines Freun

Gib den Namen eines anderen Freundes ein

Freundschaft anzeigen

Freundschaftsseiten

Über das Zahnrad oben rechts in den Profilen Ihrer Freunde können Sie den Link *Freundschaft anzeigen* anklicken. Darüber gelangen Sie auf eine eigene Ansicht, eine sogenannte Freundschaftsseite, die weitere Details der gemeinsamen Interaktionen, Freunde und Interessen zeigt.

Freundschaftsseiten funktionieren ähnlich wie der Newsfeed auf der Startseite (siehe Kapitel 6) oder Gemeinschaftsseiten (siehe Kapitel 10). Sie zeigen also Kopien von Interaktionen, die eigentlich in den Profilen der gezeigten Freunde stattgefunden haben und hier nur thematisch aussortiert gesammelt werden. Die Postings unterliegen dabei denselben Sichtbarkeitseinstellungen wie im Profil der Beteiligten.

Das heißt, selbst wenn Sie auf einer dieser Freundschaftsseiten über das Formular oben rechts die Namen von zweien Ihrer Freunde eingeben und sich so deren Freundschaftsseite anzeigen lassen, werden Sie dort nicht mehr sehen, als Sie in deren Profilen ohnehin hätten sehen können.

Sie können keine Freundschaftsseiten von Personen sehen, die nicht mit Ihnen befreundet sind. Auch nicht, wenn nur eine davon mit Ihnen befreundet ist.

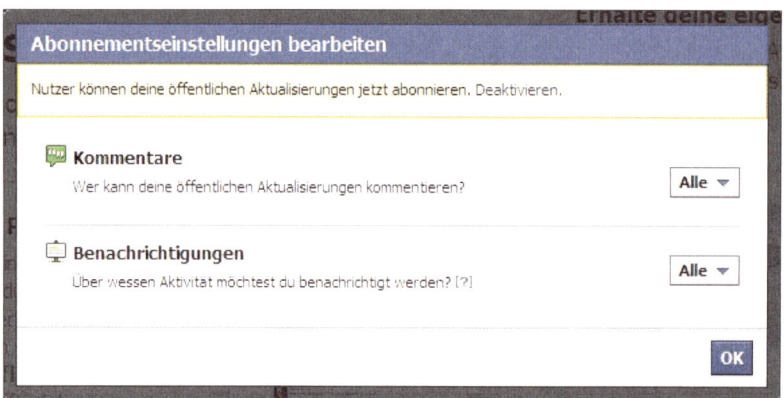

Abonnieren statt Freundschaftsanfrage

Wenn Sie sich mit anderen als Freund vernetzen, dann ist das beidseitig. Sie abonnieren damit beide die Updates des anderen in Ihren jeweiligen Newsstream. Manchmal möchte man aber nur jemand anderem folgen ohne sich gleich als Freunde zu vernetzen. Dafür hat Facebook die *Abonnieren*-Funktion eingeführt. Um sie für Ihr Profil freizuschalten, gehen Sie auf *http://www.facebook.com/about/subscriptions*. Damit ermöglichen Sie anderen, Ihre öffentlichen Updates in deren Newsstream zu bestellen.

Über die Einstellungen, die beim Freischalten erscheinen, können Sie definieren, wer Ihre öffentlichen Updates kommentieren darf und über welche Aktivitäten im Zusammenhang mit Ihren Abonnenten Sie benachrichtigt werden wollen.

Diese Einstellungen erreichen Sie später auch über den Abonnenten-Kasten im Kopfbereich Ihres Profils. Dort können Sie auch das Abonnieren wieder deaktivieren.

Wenn Sie das Abonnieren freigeschaltet haben, erscheint neben dem Button *FreundIn hinzufügen* auch ein Button *Abonnieren*. Der ist aber nur für Nichtfreunde sichtbar.

Wenn Sie die öffentlichen Updates von jemandem abonnieren, können Sie auch definieren, welche Meldungsarten Sie von ihr erhalten wollen.

Tipp

Um einzustellen, wer die Liste Ihrer Abonnenten oder Abonnements in Ihrem Profil sehen kann, klicken Sie den betreffenden Kasten im Kopfbereich Ihres Profils an und dann auf *Bearbeiten*.

Annette Schwindt
vor 14 Minuten ✳

Hallo Imke und Susanne! Wie läuft's bei Euch? Sitze hier grade an den Updaqtes fürs Facebook-Buch...

 **Das Facebook-Buch von Annette Schwindt (schwindt-pr) bei O'Reilly Verlag**
www.fbbuch.de
Blog von Annette Schwindt von schwindt-pr über ihr Facebook-Buch bei O'Reilly Verlag

Gefällt mir · Kommentieren · Beitrag nicht mehr folgen · Teilen

 Susanne Gerbert Alles bestens. Drucktermine stehen an, viel zu tun, aber läuft. :-)
vor 12 Minuten · Gefällt mir nicht mehr · 👍 1

 Imke Hirschmann Hallo Annette, ja, ist alles prima hier :-)
vor 11 Minuten · Gefällt mir

 Annette Schwindt "Updaqtes" hihi, da kriegt die/der Korrekturleser/in einiges zu tun... ;-)
vor 10 Minuten · Gefällt mir · 👍 2

 Imke Hirschmann ;-)
vor 10 Minuten · Gefällt mir

 Annette Schwindt Ist das denn ne Frau oder ein Mann bei meinen Büchern?
vor 9 Minuten · Gefällt mir

 Susanne Gerbert Das korrigiert Friederike Daenecke, wie bei den letzten Malen auch. Eine echt gute Korrekturleserin. Nur Screenshots kann sie nicht. :-D
vor 7 Minuten · Gefällt mir nicht mehr · 👍 1

 Annette Schwindt Grmpf! ;-)
vor 6 Minuten · Gefällt mir

 Susanne Gerbert Kommst du denn gut voran?
vor 5 Minuten · Gefällt mir

 Annette Schwindt Ja, ich bin grade bei Kapitel 5.
vor 4 Minuten · Gefällt mir

 Imke Hirschmann Die gefährliche Frage der Lektorin ;-) Wie läuft's? ...
vor 4 Minuten · Gefällt mir nicht mehr · 👍 1

 Susanne Gerbert Alles gut, Lektorin ist zufrieden. ;-)
vor 3 Minuten · Gefällt mir

 Schreibe einen Kommentar ...

KAPITEL 5 | Gespräche starten und an ihnen teilnehmen

Mit den Privatsphäre-Einstellungen haben Sie für die richtigen Rahmenbedingungen für Ihre Kommunikation auf Facebook gesorgt und dann gelernt, wie Sie sich mit anderen vernetzen. Jetzt sind alle Voraussetzungen dafür geschaffen, Facebook aktiv zu nutzen.

Also werde ich als Nächstes erklären, wie Sie einen Textbeitrag oder Links, Fotos und Videos im eigenen Profil oder in dem von anderen veröffentlichen (posten) können, um ein neues Gespräch in Gang zu bringen. Im Anschluss daran werde ich Ihnen zeigen, wie Sie sich über die Kommentarfunktion an bereits gestarteten Gesprächen beteiligen.

Über den Herausgeber (das „Was machst du gerade"-Feld) auf Ihrer Profil-Pinnwand können Sie und die Besucher Ihres Profils Beiträge hinterlassen und Beiträge von anderen kommentieren oder einfach nur zum Ausdruck bringen, dass Ihnen ein Beitrag gefällt.

Dasselbe funktioniert natürlich auch in den Profilen von anderen – vorausgesetzt, Sie sind auch mit dieser Person als *FreundIn* vernetzt und diese hat das freigeschaltet. Beiträge von anderen können außerdem woandershin weitergesagt werden (über die *Teilen*-Funktion unter dem jeweiligen Beitrag).

Wie das geht, erkläre ich auf den nächsten Seiten im Detail.

Textbeiträge posten

Etwas in Ihrem Profil oder in dem von anderen zu posten, ist kinderleicht. Je nachdem, wo Sie sich befinden, sieht das Eingabefeld (von Facebook Herausgeber genannt) dafür anders aus. Befinden Sie sich auf Ihrer Startseite oder in Ihrem Profil, steht im Herausgeber *Was machst du gerade?*. Befinden Sie sich in einer Gruppe, auf einer Seite oder im Profil von jemand anderem, steht darin *Schreib etwas...* Im Herausgeber können Sie Text und Links eingeben. Sobald Sie den blauen *Teilen*-Button klicken, wird der Beitrag (das Posting) unter dem Eingabefeld veröffentlicht.

Wenn Sie das *Was machst du gerade?*-Feld auf der Startseite nutzen, dann posten Sie eigentlich direkt in Ihr eigenes Profil, sehen aber die Kopie dazu in den Meldungen auf der *Startseite*. Posten Sie in einem anderen Profil, wird in Ihrem Profil und im Liveticker der betreffenden Freunde dazu eine Meldung angezeigt, die auf dieses Posting verlinkt.

Zusätzlich gibt es noch weitere Optionen wie Foto/Video, Ort, Lebensereignis oder Frage (mehr dazu gleich).

Tipp

Sollten Sie ein Posting wieder entfernen wollen, brauchen Sie nur mit der Maus in die rechte obere Ecke des veröffentlichten Postings zu fahren. Dann erscheint dort ein Stift, über den Sie den Beitrag komplett löschen können. Dies funktioniert in Ihrem eigenen Profil mit allen Beiträgen (also Ihren und den von anderen, weil Sie hier ja quasi „Hausrecht" haben), aber in fremden Profilen nur mit Ihren eigenen Beiträgen (weil dort der jeweilige Profilinhaber „Hausrecht" hat). Außerdem können Sie die Sichtbarkeit Ihrer Beiträge auch nachträglich verändern, indem Sie auf das rechts oben erscheinende Symbol klicken, das beim Überfahren des Beitrags mit der Maus erscheint.

Links posten

Wenn Sie einen Link in einem Beitrag setzen wollen, schreiben Sie den Link (mit seinem kompletten Pfad, beginnend mit http://) in den Text, den Sie posten wollen. Daraufhin wird die verlinkte Seite automatisch an das Posting angehängt. Wenn Sie mehrere Links in einem Posting setzen, funktioniert das aber nur mit dem Link, der zuerst eingegeben wurde.

(Wie man andere *Profile*, *Gruppen* oder *Seiten* im Text oder in Kommentaren verlinkt, erkläre ich auf der übernächsten Seite.)

Zunächst zieht Facebook den Seitentitel (als Überschrift) und den Anfang des dort geposteten Texts automatisch in den Anhang. In beide Bereiche können Sie hineinklicken und den darin enthaltenen Text verändern.

Enthält die verlinkte Website außerdem ein Bild, wird dieses als *Miniaturbild* ebenfalls im Anhang angezeigt. Enthält die verlinkte Website mehrere Bilder, können Sie auswählen, welches davon Sie sich anzeigen lassen möchten. Über ein Häkchen bei *Kein Miniaturbild* können Sie das Anzeigen eines Bilds im Anhang auch komplett unterbinden. Wie Webseitenbetreiber diese Darstellung optimieren können, erkläre ich auf Seite 301.

Links, die Sie posten, erscheinen außerdem (gemäß den Privatsphäre-Einstellungen des Postings) in Ihren Suchergebnissen und denen Ihrer Freunde.

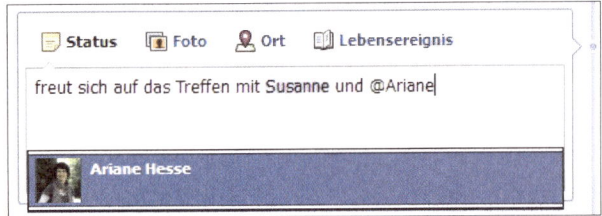

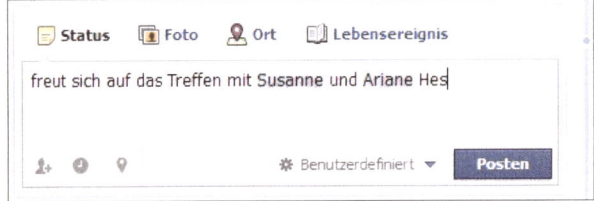

Andere in Postings verlinken (@mention, markieren)

Wenn Sie eine Person, eine Seite oder Gruppe, mit der Sie vernetzt sind, in Ihrem Posting oder in einem Kommentar verlinken wollen, können Sie Facebooks @mention-Funktion nutzen. Dazu brauchen Sie nur den betreffenden Namen mit einem @ oder einem + davor (ohne Leerzeichen!) einzugeben und den passenden Namen aus der sich daraufhin öffnenden Liste auszuwählen. Inzwischen funktioniert dies teilweise auch ohne @. Der Name wird anschließend blau (statt schwarz) in Ihrem Text angezeigt und wird nach dem Posten klickbar sein. Sie müssen dabei nicht Vor- und Nachnamen stehen lassen, sondern können den Nachnamen mit der Rücklöschtaste auch entfernen.

@mentions von Personen und Seiten werden in Kopie auch auf deren Pinnwand angezeigt. @mentions von Seiten werden dort nur in Kopie angezeigt, wenn sie zu einem öffentlichen Beitrag gehören. Die Kopie erkennt man daran, dass sie nicht kommentierbar ist. Stattdessen steht *Beitrag anzeigen* darunter, ein Link, der zum Originalbeitrag führt. Dort kann er kommentiert werden.

Tipp

Hat jemand Sie unerwünschterweise per @mention verlinkt, können Sie diese Verlinkung auch entfernen (siehe Seite 55).

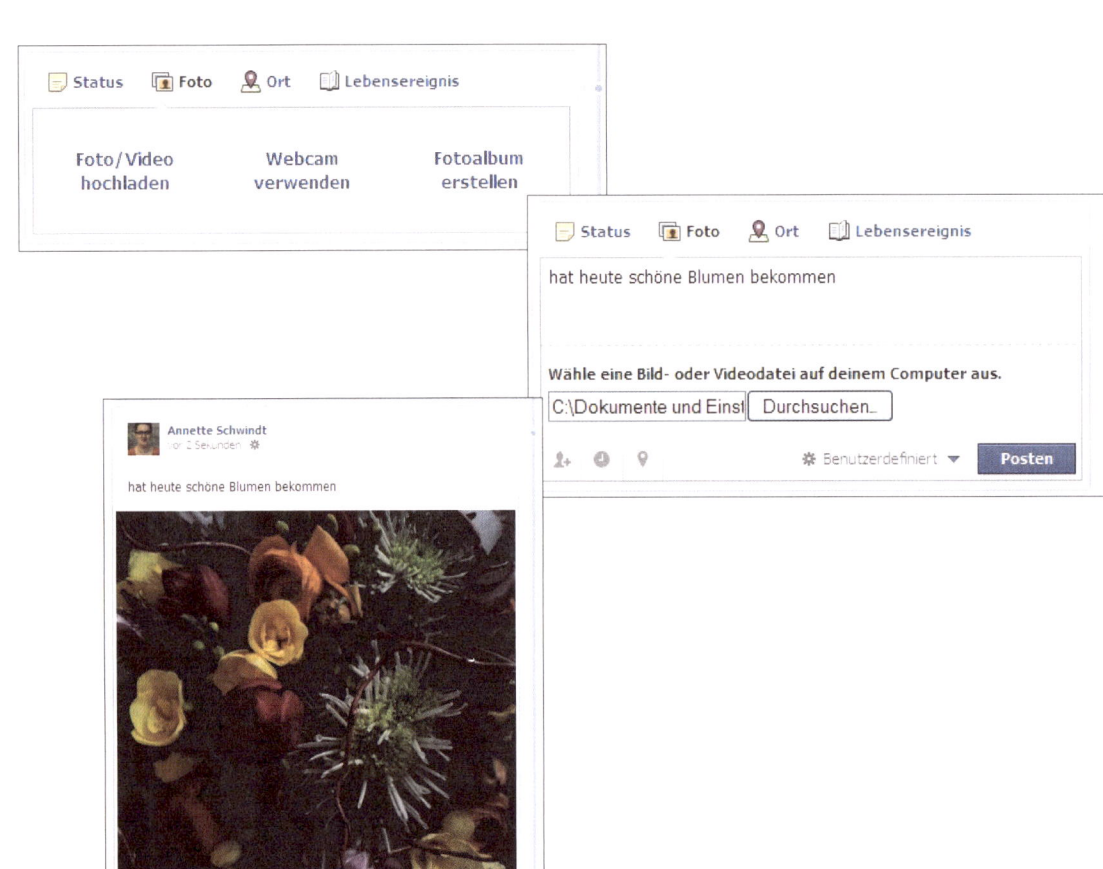

Fotos im eigenen Profil posten

Sie können natürlich auch mehr als nur Text oder Links posten. Über *Foto hinzufügen* können Sie Bilder in Ihr Profil bringen. Mit *Foto/Video hochladen* können Sie ein Bild von der Festplatte Ihres Computers hinzufügen, mit *Webcam verwenden* live eines schießen, sofern Ihr Gerät über eine verfügt.

Wenn Sie ein Foto veröffentlichen, wird das Foto zusätzlich auch in einem automatisch angelegten Foto-Album *Pinnwand-Fotos* innerhalb Ihres *Foto*-Bereichs gespeichert. Haben Sie das Foto mit Text veröffentlicht, so erscheint dieser auch als Bildbeschreibung. (Hier werden auch @mentions – s. Seite 95 – übernommen.)

Wählen Sie *Fotoalbum erstellen*, werden die hochgeladenen Fotos in einem neuen Album abgespeichert, das Sie selbst benennen können, und das Posting dazu zeigt eine Vorschau auf das neue Album mit den ersten vier Fotos davon.

Tipp

Die Beschreibung eines Bildes oder Albums können Sie nachträglich ändern, indem Sie das Bild oder Album anklicken und *Bearbeiten* auswählen. Dies ändert aber gleichzeitig auch den Postingtext, aus dem die Beschreibung stammt!

Fotos woanders als im eigenen Profil posten

Möchten Sie Fotos in den Profilen Ihrer Freunde oder auf nicht von Ihnen administrierten Seiten/Gruppen posten, dann können Sie dies nur über *Foto hinzufügen* tun oder live ein Bild mit Ihrer Webcam aufnehmen.

Anders als beim Posten von Fotos im eigenen Profil werden in Profilen von Freunden gepostete Fotos nicht im Fotoalbum *Pinnwand-Fotos* des Freundes abgelegt, sondern eben nur an dieser Pinnwand. Sowohl Sie als auch der betreffende Freund können das Foto wieder von seiner Pinnwand entfernen.

Posten Sie ein Foto auf einer Seite, landet das Foto nicht nur an der Pinnwand, sondern auch im Ordner *Fotos von [Seitenname]* der betreffenden Seite. Dort können es sowohl die Seitenadministratoren als auch derjenige, der das Foto gepostet hat, wieder entfernen.

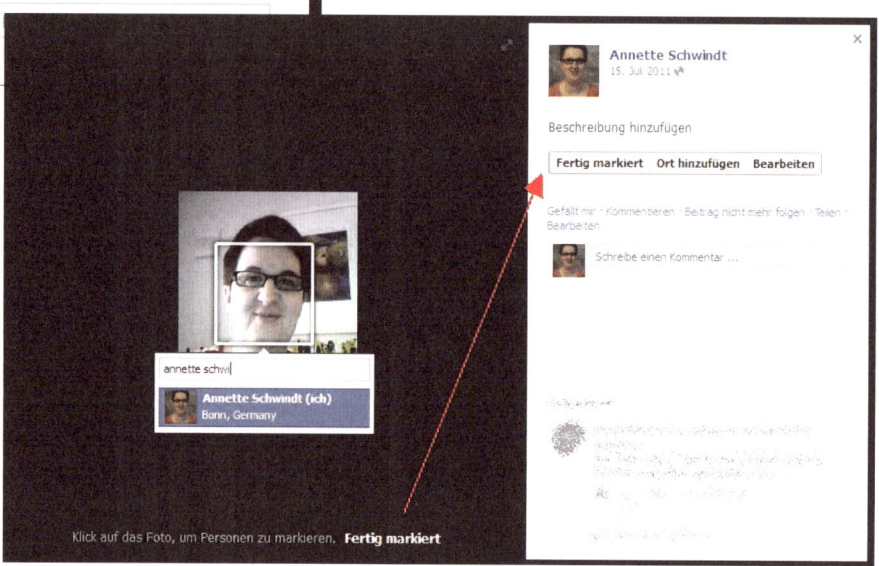

Andere auf Fotos markieren (Tagging)

Wenn Sie Fotos hochladen, die jemanden zeigen, mit dem Sie auf Facebook befreundet sind, können Sie denjenigen auf diesem Foto verlinken. Das kann übrigens jeder in all den Alben tun, die zu ihm selbst oder mit ihm vernetzten Personen, Seiten oder Gruppen gehören. (Dieses Markieren nennt man auch Taggen bzw. Tagging.)

Klicken Sie (in der Einzelansicht innerhalb eines Fotoalbums) rechts neben oder unter dem Bild auf *Foto markieren*, dann auf das Gesicht der zu verlinkenden Person oder auf den Bildbereich, der den Bezug zu ihr herstellt. Geben Sie anschließend den Namen der Person in das sich öffnende Feld ein, oder wählen Sie sie aus der darunter stehenden Liste aus. Vergessen Sie zum Schluss nicht, oben auf *Fertig markiert* zu klicken. Die markierte Person wird daraufhin über diese Markierung informiert.

Tipp

Mehr zur Privatsphäre von Markierungen und wie man Markierungen wieder entfernt, erfahren Sie in Kapitel 3.

Facebook bietet auch die Möglichkeit, andere per E-Mail-Adresse zu markieren. Hier gelten aber dieselben Datenschutz-Bedenken wie bereits angesprochen. Nutzen Sie diese Option also lieber nicht.

Status   Foto   Ort   Lebensereignis

Foto/Video hochladen   Webcam verwenden   Fotoalbum erstellen

Status   Foto   Ort   Lebensereignis

Sag etwas darüber ...

Wähle eine Bild- oder Videodatei auf deinem Computer aus.

C:\Dokumente und Einst | Durchsuchen...

✱ Benutzerdefiniert ▼   **Posten**

Annette Schwindt
10. Januar 2011

10. Januar 2011 13:29
Hochwasser ist seit gestern Abend nicht gravierend gestiegen. Ich hoffe, das bedeutet, wir behalten trockene Füße. *daumendrücken*

Gefällt mir · Kommentieren · Teilen   👍 2 💬 4

Videos posten

Das Posten von Videos funktioniert analog zum Posten von Fotos. Dafür haben Sie zwei Optionen:

- *Video hochladen* (um ein Video, das Sie bereits auf Ihrem Gerät zur Verfügung haben, in Ihr Profil zu bringen)
- *Webcam* (um ein Live-Video aufzunehmen)

Der Video-Upload auf Facebook funktioniert über ein Pop-up-Fenster. Sollten Sie in Ihrem Browser einen Pop-up-Blocker verwenden, werden Sie ggf. dazu aufgefordert, diesen für den Video-Upload zu deaktivieren. Nach dem Upload muss das Video noch verarbeitet werden, was – je nach Größe – eine Weile dauern kann.

Zum Schluss können Sie für das Video noch eine Beschreibung und einen Titel eingeben sowie die *Privatsphäre* dafür einstellen. Wie bei *Fotos* können Sie auch im Video andere Personen *markieren* (s. Seite 101).

Tipp

Unter *Dieses Video einbetten* bietet Facebook einen Quellcode an, mit dem Sie das hier hochgeladene Video außerhalb von Facebook z.B. auf Ihrer Website einbetten können. Dabei werden jedoch Ihre Privatsphäre-Einstellungen für das Video übernommen. Möchten Sie es extern verwenden, müssen Sie also die Privatsphäre auf *Öffentlich* setzen!

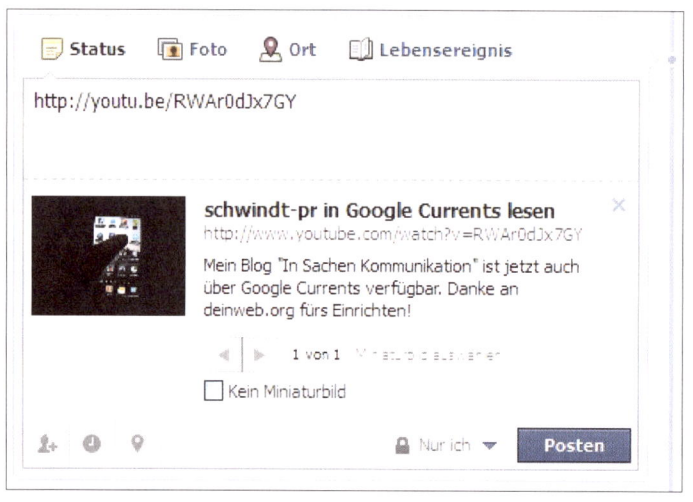

Fotos und Videos posten, die schon woanders online sind

Möchten Sie Fotos oder Videos posten, die bereits woanders online sind, so sollten Sie dafür nicht den Foto- bzw. Video-Button verwenden. Kopieren Sie stattdessen die Adresse (URL) des betreffenden Fotos/ Videos, und posten Sie diese wie einen *Link* (s. Seite 93).

Diese URL finden Sie in der Adresszeile Ihres Browsers oder unter den Weitersageoptionen der jeweiligen Videoplattform.

Bei Fotos können Sie auch direkt mit der rechten Maustaste auf das Bild klicken und *Grafikadresse kopieren* auswählen. Wenn das Foto bereits auf einer Foto-Sharing-Plattform hochgeladen ist, können Sie auch auf die Adresse der Einzelansichtsseite verlinken, auf der sich das Bild befindet.

Achtung

Posten Sie nur Fotos und Videos, an denen Sie auch die Rechte haben, oder die fürs Weitersagen freigegeben wurden!

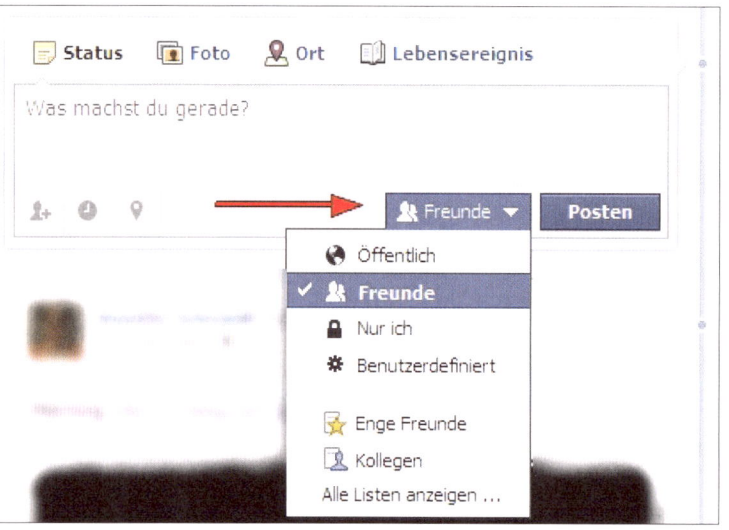

Postings nur für bestimmte Personen sichtbar machen

Für alle Postings, die Sie über das *Was machst Du gerade?*-Feld im eigenen Profil oder auf der Startseite (s. Seite 91) erstellen, können Sie individuelle Sichtbarkeitseinstellungen vornehmen (s. Kapitel 3).

Über das Symbol links vom blauen *Posten*-Button im *Was machst du gerade?*-Feld können Sie Ihre Postings entweder *Öffentlich*, für *Freunde* oder *Benutzerdefiniert* sichtbar machen.

Das Posting ist dann sowohl in Ihrem Profil als auch im Nachrichtenstrom und Liveticker auf der Startseite Ihrer Freunde nur für diejenigen sichtbar, für die Sie es freigeben. Es kann auch nur innerhalb dieser Einstellungen weitergesagt werden.

Sie können diese Möglichkeit auch mit der @mention-Funktion (s. Seite 95) kombinieren, um Privatgespräche auf Ihrer Pinnwand einzuleiten. (Mehr zu „echten" Privatnachrichten finden Sie auf Seite 159 und Seite 161.)

Tipp

Die Sichtbarkeits-Einstellungen Ihrer Postings können Sie auch nachträglich jederzeit verändern. Für wen ein Posting sichtbar ist, kann jeder, der das Posting sehen kann, nachschauen, indem er das Sichtbarkeitsicon darunter mit der Maus berührt. Das ist wichtig, damit man weiß, an wen ein Beitrag überhaupt weitergesagt werden kann.

Wo landen welche Postings?

Gerade Einsteiger haben oft nicht den Überblick, wo ihre Postings landen. Daher hier noch mal eine Übersicht:

- Nutzen Sie den *Herausgeber* auf der *Pinnwand* eines *Profils*, einer *Seite* oder einer *Gruppe*, dann landet das Posting auch genau dort.
- Nutzen Sie den *Herausgeber* auf der *Startseite*, so posten Sie eigentlich in Ihr Profil, sehen aber eine Kopie davon im Nachrichtenstrom auf der Startseite (mehr dazu in Kapitel 6).
- Posten Sie einen Beitrag mit @mention, so erscheint dieser zusätzlich in Kopie an der Pinnwand desjenigen, den Sie per @mention verlinkt haben (sofern dieser andere das zulässt, siehe Kapitel 3).
- Für Ihre Freunde erscheinen alle Ihre Postings außerdem in Echtzeit im Liveticker oben rechts auf deren Startseite (gemäß deren Sichtbarkeitseinstellungen). Und natürlich im Nachrichtenstrom der Freundesliste, in die Sie Ihre Freunde eingeteilt haben. Mehr zu diesem Thema folgt in Kapitel 6.
- Enthalten Ihre Beiträge Schlüsselbegriffe, für die es automatisch generierte Gemeinschaftsseiten gibt, landen diese auch dort als mit dem Originalbeitrag verknüpfte Kopie. Dies geschieht jedoch immer gemäß der Privatsphäre-Einstellungen des Originalpostings. Wenn Sie also etwas nur für Freunde sichtbar gepostet haben, ist es das auf der *Gemeinschaftsseite* auch.
- Posten Sie etwas auf einer Seite, von der Sie nicht Admin sind, landet Ihr Beitrag im Kasten *Beiträge von anderen* in der rechten Spalte. Gelegentlich kann er auch zuerst im Spamfilter der Seite landen (mehr dazu in Kapitel 10), von wo er durch einen Admin erst auf die Seite geholt werden muss.

Aktivitäten
Aktuelle Aktivitäten

Annette gefällt Music on Facebook.
vor 40 Minuten

Annette took a photo with Instagram.
Gefällt mir · Kommentieren · vor 5 Stunden

Annette ist jetzt mit Imke Hirschmann befreundet.
vor 23 Stunden

Annette hat einen neuen Highscore in Angry Birds aufgestellt.
Gefällt mir · Kommentieren · 7. April

Wer sieht meine Neuesten Aktivitäten?

Jedes Mal, wenn Sie auf Facebook etwas tun, wird das (gemäß der Sichtbarkeit dieser Handlung!) im Liveticker und Newsfeed der Freunde angezeigt. Das bedeutet: Niemand bekommt etwas zu sehen, das nicht ohnehin für ihn sichtbar wäre! Diese Meldungen können Sie nicht abstellen. Ihre Freunde können aber durch die Abonnement-Einstellungen definieren, welche Neuigkeiten sie von Ihnen überhaupt sehen wollen.

Zusätzlich erscheinen zu bestimmten Aktivitäten auch Meldungen im Aktivitätenkasten in der rechten Spalte Ihres Profils. Diese Meldungen hier können Sie verbergen, indem Sie auf das Kreuzchen dahinter klicken. Sie können diese Meldungen entweder einzeln oder generell nach Meldungsart verbergen.

Tipp

Auch wenn Sie diese Meldungen verbergen, können Sie sie jederzeit über Ihr Aktivitäten-protokoll wiederfinden (siehe Kapitel 2). Im Aktivitätenkasten können Sie über den Stift auch sehen, welche Meldungsarten Sie ausgeblendet haben, und sie gegebenenfalls wieder ein-blenden.

Annette Schwindt
vor 14 Minuten ⚙

Hallo Imke und Susanne! Wie läuft's bei Euch? Sitze hier grade an den Updaqtes fürs Facebook-Buch...

Das Facebook-Buch von Annette Schwindt (schwindt-pr) bei O'Reilly Verlag
www.fbbuch.de
Blog von Annette Schwindt von schwindt-pr über ihr Facebook-Buch bei O'Reilly Verlag

Gefällt mir · Kommentieren · Beitrag nicht mehr folgen · Teilen

Susanne Gerbert Alles bestens. Drucktermine stehen an, viel zu tun, aber läuft. :-)
vor 12 Minuten · Gefällt mir nicht mehr · 👍 1

Imke Hirschmann Hallo Annette, ja, ist alles prima hier :-)
vor 11 Minuten · Gefällt mir

Annette Schwindt "Updaqtes" hihi, da kriegt die/der Korrekturleser/in einiges zu tun... ;-)
vor 10 Minuten · Gefällt mir · 👍 2

Imke Hirschmann ;-)
vor 10 Minuten · Gefällt mir

Annette Schwindt Ist das denn ne Frau oder ein Mann bei meinen Büchern?
vor 9 Minuten · Gefällt mir

Susanne Gerbert Das korrigiert Friederike Daenecke, wie bei den letzten Malen auch. Eine echt gute Korrekturleserin. Nur Screenshots kann sie nicht. :-D
vor 7 Minuten · Gefällt mir nicht mehr · 👍 1

Annette Schwindt Grmpf! ;-)
vor 6 Minuten · Gefällt mir

Susanne Gerbert Kommst du denn gut voran?
vor 5 Minuten · Gefällt mir

Annette Schwindt Ja, ich bin grade bei Kapitel 5.
vor 4 Minuten · Gefällt mir

Imke Hirschmann Die gefährliche Frage der Lektorin ;-) Wie läuft's? ...
vor 4 Minuten · Gefällt mir nicht mehr · 👍 1

Susanne Gerbert Alles gut, Lektorin ist zufrieden. ;-)
vor 3 Minuten · Gefällt mir

Schreibe einen Kommentar...

Richtig kommentieren

Möchten Sie auf ein Posting antworten, klicken Sie in das Formularfeld *Schreibe einen Kommentar...* darunter und veröffentlichen ihn mit der Enter-Taste.

Auch wenn man ein Posting auf der Startseite kommentiert, wird dieser Kommentar beim Originalposting angezeigt. Auf der Startseite sehen Sie ja nur eine Kopie des eigentlichen Postings (s. Seite 91).

Befolgt man diese Art zu kommentieren, kann jeder nachvollziehen, worauf sich ein Kommentar bezieht und wie sich ein Gespräch zu einem bestimmten Thema entwickelt hat.

Einen komplett neuen Beitrag im Profil der Person zu posten, auf deren Posting man sich bezieht, zerreißt solche Gesprächsverläufe und macht das Nachvollziehen der Thematik schwierig. Erst wenn ich ein neues Thema beginnen möchte, ist es angebracht, über den Herausgeber ganz oben neu zu posten.

Tipp

Beitragskopien, die durch Verwenden der @mention-Funktion zustande gekommen sind, kann man nicht kommentieren. Das geht nur beim Original, zu dem man sich über *Beitrag anzeigen* durchklicken muss (falls man mit dem Ursprungsort vernetzt ist).

Annette Schwindt hat einen Link geteilt.
Montag

Vermelde: alle Updates zum Google+ Buch abgeliefert. Den Rest
besorgt jetzt der O'Reilly Verlag und Ende Mai sollte es dann in
den Buchhandel kommen. Inzwischen kann man auch direkt beim
Verlag vorbestellen: http://www.oreilly.de/catalog
/googleplusbuchger

 **O'Reilly Katalogseite: Das Google+ Buch**
www.oreilly.de

Von vielen sehnsüchtig erwartet: Die übersichtliche
und umfassende Anleitung zu Google+ von der
Autorin des Bestsellers "Das Facebook-Buch",
Annette Schwindt.

 Kommentieren Teilen   2

Petra   , Winfried   und 8 anderen gefällt das.

Zeigen, dass Ihnen etwas gefällt

Wenn Sie nur zum Ausdruck bringen wollen, dass Sie ein Posting gut finden, ohne das im Detail kommentieren zu wollen, können Sie auch einfach nur den Link *Gefällt mir* unter diesem Posting anklicken. Daraufhin wird ein Daumen-hoch-Symbol mit der Anmerkung *Dir gefällt das* angezeigt (andere sehen dort statt „Dir" Ihren Namen).

Sobald Sie *Gefällt mir* angeklickt haben, erscheint an dessen Stelle der Link *Gefällt mir nicht mehr*, über den Sie Ihre Bewertung auch wieder zurücknehmen können. Dies gilt auch für Facebook-*Gefällt mir*-Buttons auf externen Websites. Mehr zum Thema *Gefällt mir* folgt in Kapitel 10.

Sie können auch für einzelne Kommentare *Gefällt mir* bekunden.

Tipp

Einen *Gefällt mir nicht*-Link von Facebook gibt es bislang nicht. Eine entsprechende Seite, auf der die Einführung eines „Dislike buttons" gefordert wird, hat bereits über 3,2 Millionen Fans! Für den Browser Firefox gibt es allerdings ein experimentelles Add-on dazu unter *https://addons.mozilla.org/en-US/firefox/addon/47023*.

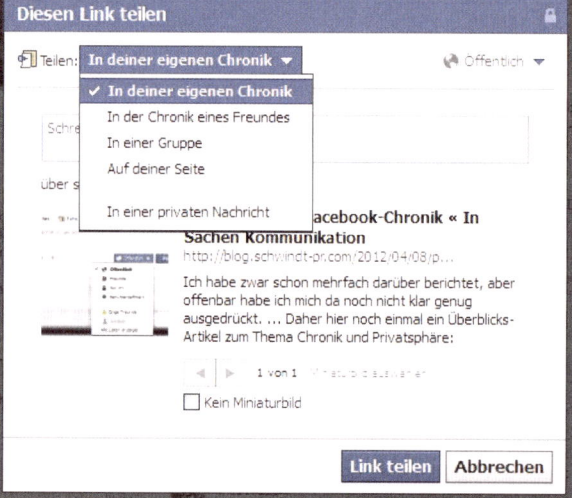

Beiträge weitersagen

Über den *Teilen*-Link unter einem bereits geposteten Beitrag können Sie dieses Posting an andere weiterempfehlen.

Dabei haben Sie folgende Optionen:

- *in deiner Chronik* (Standardeinstellung)
- *in der Chronik eines Freundes*
- *in einer Gruppe*
- *auf deiner Seite* (also auf Seiten, die Sie verwalten)
- *in einer privaten Nachricht*

Beim Klick auf diesen *Teilen*-Link öffnet sich ein überlagerndes Fenster mit einem Formularfeld, in dem Sie etwas zu dem Beitrag schreiben können, den Sie weitersagen. Der weiterzusagende Beitrag erscheint als Anhang dazu.

Wenn ein Beitrag über *Teilen* weitergesagt wurde, wird das rechts unter dem Original angezeigt (die Zahl zeigt an, wie oft er weitergesagt wurde).

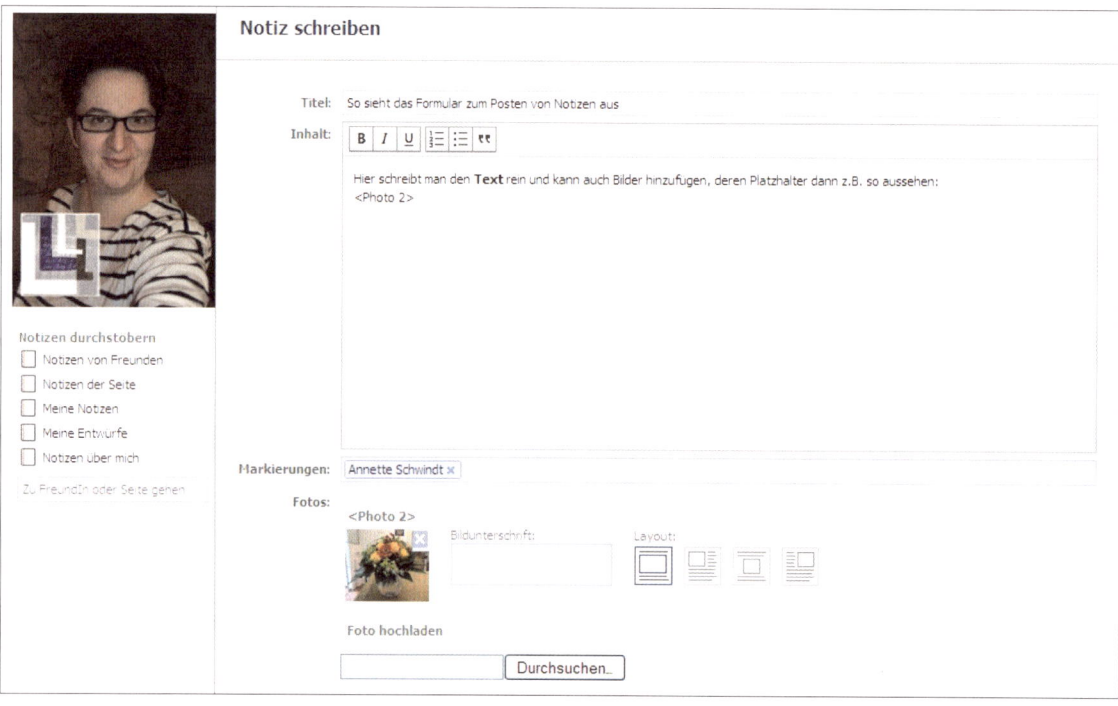

Notizen posten

Eine weitere Möglichkeit, Text in Ihrem Profil (oder auch auf Ihrer Fanseite, s. Kapitel 10) zu veröffentlichen, bietet die Facebook-interne Anwendung Notizen. Notizen sind für längere Beiträge gedacht, in die auch Bilder eingefügt werden können. Per Klick auf *Neue Notiz schreiben* kann man einen neuen Beitrag kreieren.

Dazu müssen Sie eine Überschrift (*Titel*) und den dazugehörigen Text eingeben. Diesen Text können Sie auch über einfache HTML-Befehle formatieren (siehe den Link unter dem Textfeld *Formatiere deine Notiz*). Außerdem können Sie Fotos hinzufügen, die Sie entweder aus Ihren bereits bestehenden Alben oder direkt vom Computer in die Notiz laden können. Die Position des/der Fotos können Sie dann über die erscheinenden Layout-Vorschläge definieren. Sobald Sie die Notiz veröffentlichen, werden Sie gefragt, ob Sie dazu auch eine Meldung an Ihrer Pinnwand veröffentlichen wollen, um Ihre Freunde darüber zu infomieren.

Möchten Sie bestimmte Freunde dezidiert auf diese Notiz aufmerksam machen, können Sie diese Freunde in der Notiz „markieren" (s. *Tagging* auf Seite 101). Nutzen Sie dazu das Formularfeld *Markierungen*. Auch hier öffnet sich ein Dropdown-Menü mit der Liste der passenden Freunde, sobald Sie anfangen, die betreffenden Namen einzugeben. Werden Sie in einer Notiz markiert, können Sie diese Markierung auch entfernen, indem Sie in der rechten Sidebar zu dieser Notiz unter Ihrem Namen auf *Markierung entfernen* klicken.

Tipp

Sie können für jede einzelne Notiz in Ihrem Profil eigene Sichtbarkeitseinstellungen vergeben.

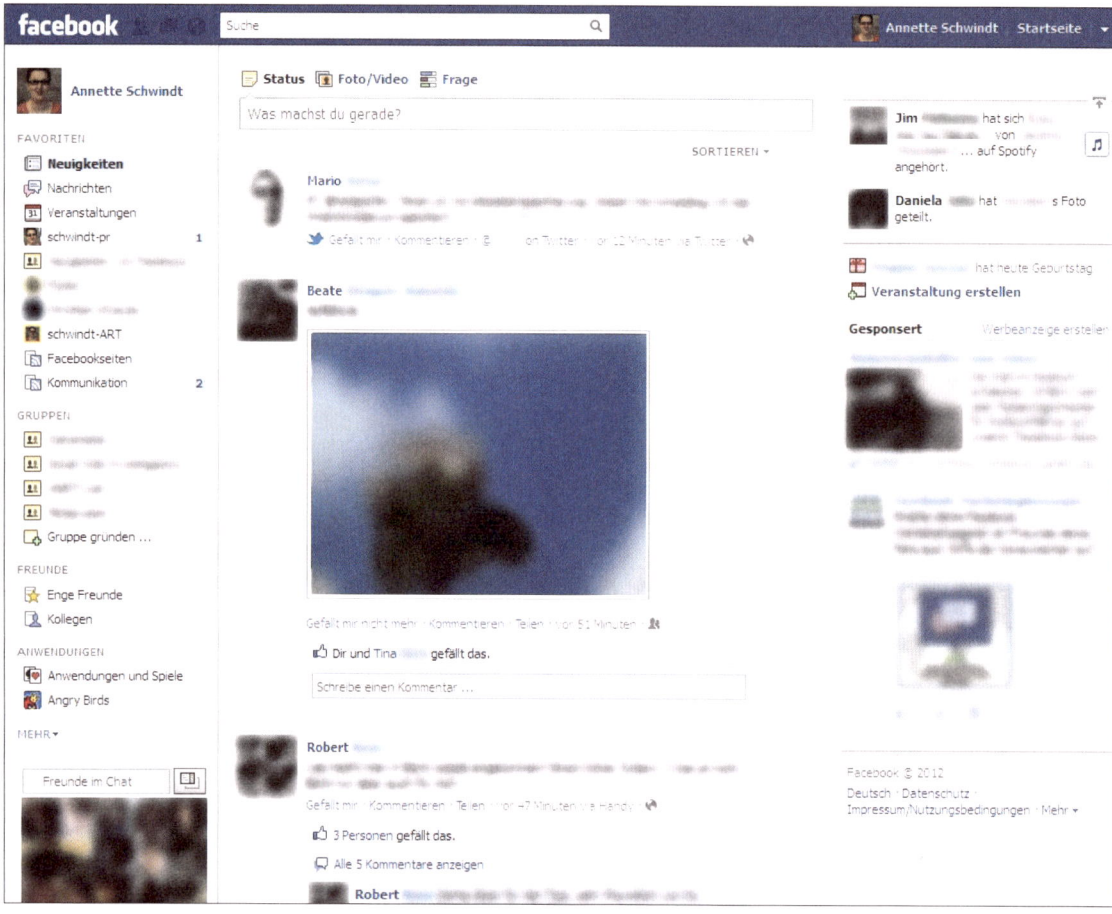

KAPITEL 6 | Die Startseite

Das Erste, was Sie von Facebook sehen, wenn Sie sich einloggen, ist die Startseite. Diese Seite sieht für jeden Nutzer je nach seinen Vernetzungen verschieden aus, da sie Kopien von Beiträgen und Meldungen über Aktivitäten Ihrer Vernetzungen anzeigt.

Die Startseite ist wie folgt gegliedert:

- blauer Balken oben: Symbole für Freundschaftsanfragen, Privatnachrichten und Benachrichtigungen, Suchfeld, Link zum eigenen Profil, Link zur Startseite, Pfeilsymbol (führt zur Kontoverwaltung)
- linke Spalte: Favoriten und Links zu Ihren wichtigsten Präsenzen, Gruppen und Anwendungen sowie Listen
- Inhaltsbereich in der Mitte: Newsfeeds (über *Sortieren* wechseln Sie zwischen Haupt- und Neuesten Meldungen)
- rechte Spalte: Liveticker (ab 100 Freunden), aktuelle Veranstaltungen und Werbung
- Fußzeile: Facebook-Links

Achtung

Die Facebook-Startseite ist nicht dasselbe wie Ihr Profil, sondern Ihre individuelle Nachrichtenzentrale. Das bedeutet: Jeder Nutzer sieht auf seiner Startseite andere Meldungen.

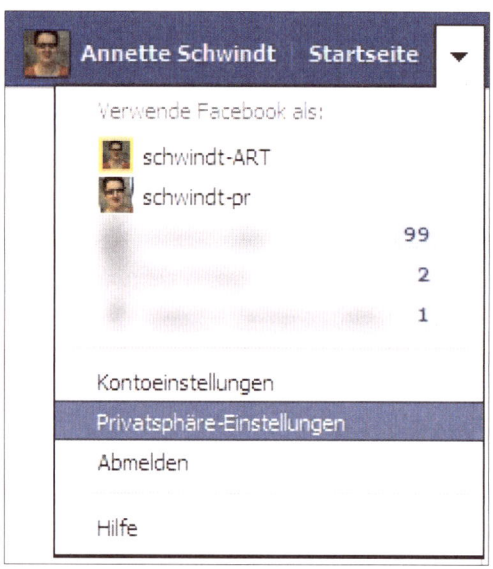

Verwende Facebook als:

schwindt-ART

schwindt-pr

99

2

1

Kontoeinstellungen

Privatsphäre-Einstellungen

Abmelden

Hilfe

Hauptnavigation im blauen Balken oben

Die meisten Links, um zwischen den verschiedenen Bereichen Ihres Facebook-Kontos zu navigieren, finden Sie im blauen Balken oben:

- *Facebook-Logo* (führt wie der weiter rechts stehende Link *Startseite* zur Startseite)
- Die *dunkelblauen Köpfe* zeigen Freundschaftsanfragen an (s. Kapitel 4).
- Die *dunkelblauen Sprechblasen* zeigen die neuesten privaten Nachrichten an (s. Kapitel 8).
- Die *dunkelblaue Weltkugel* zeigt die neuesten Benachrichtigungen an (s. Kapitel 8).
- Das Suchen-Feld (mehr dazu gleich)
- Rechts neben dem Suchfeld sehen sie, unter welcher Identität (Person oder Seite) Sie gerade eingeloggt sind, und erreichen das entsprechende Profil oder die entsprechende Seite durch Anklicken des Namens.
- Über den Pfeil ganz rechts erreichen Sie die Verwaltung Ihres Kontos: Loginwechsel zu anderen Identitäten (identity switch), Kontoeinstellungen (s. Kapitel 12), Privatsphäre-Einstellungen (s. Kapitel 3), Abmelden und Hilfe (s. Kapitel 13).

Achtung

Wenn Sie als Seitenbetreiber eingeloggt sind (mehr dazu in Kapitel 10), ändern sich Anzeige und Belegung einiger der hier genannten Links: *Köpfe* zeigen dann neue Fans, *Sprechblasen* die Nachrichten an die Seite (sofern freigeschaltet), die *Weltkugel* zeigt Benachrichtigungen bezogen auf die Seite, als die Sie gerade eingeloggt sind; der Pfeil führt nur zu dem Link, um zurück zum Personenlogin oder anderen Seiten zu wechseln, sowie *Hilfe* und *Abmelden*.

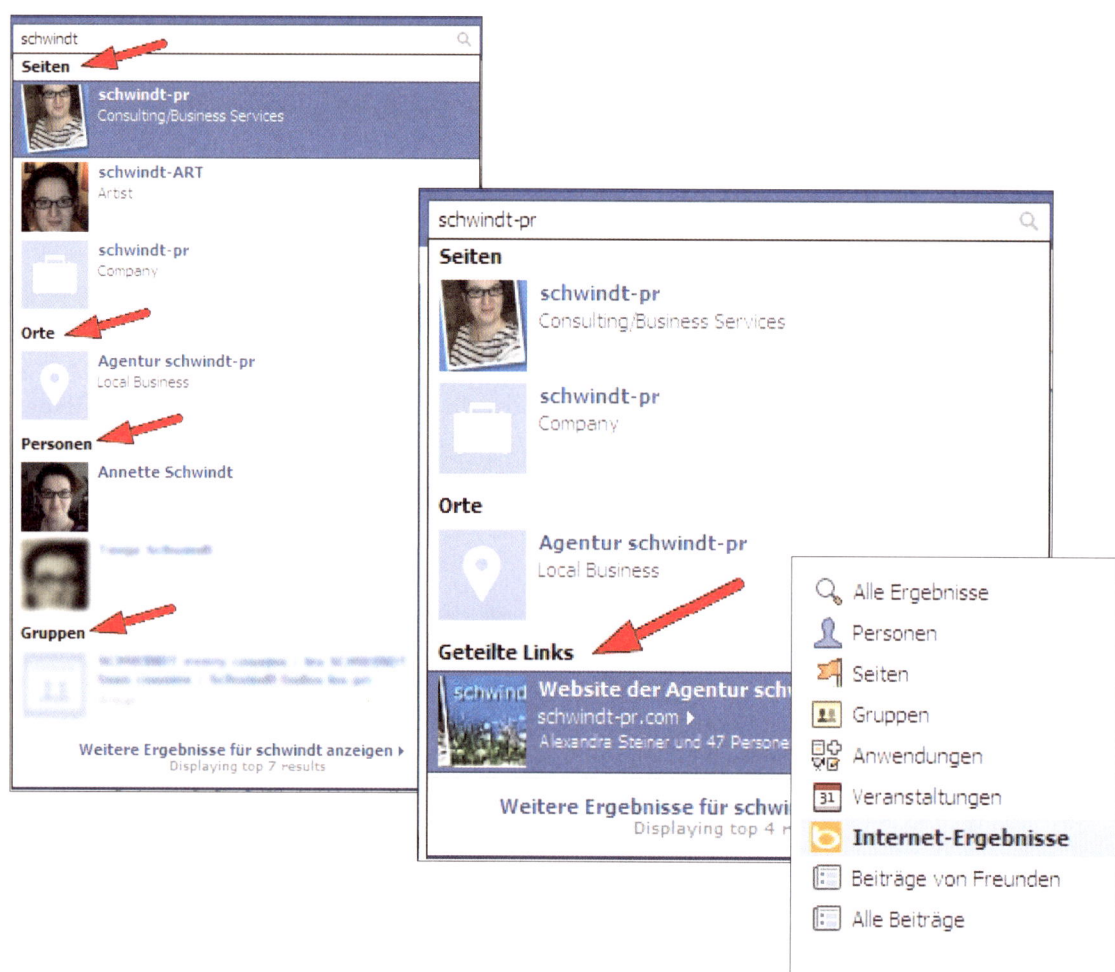

Die Facebook-Suche

Die schnellste Möglichkeit, etwas in Facebook zu erreichen, ist die Suche im blauen Balken oben. Hier genügt oft schon das Eingeben der ersten Buchstaben des Gesuchten, um fündig zu werden.

Sie können hier nach Inhalten in Facebook suchen, bekommen aber auch externe Ergebnisse angezeigt, sofern diese an den Open Graph angeschlossen oder in der Suchmaschine *bing* gelistet sind.

In der Vorschau zeigt Facebook die Ergebnisse bereits nach Typ strukturiert:

- Personen (Profile)
- Seiten (offizielle Seiten, Gemeinschaftsseiten, s. Kapitel 10)
- Orte (Ortsseiten, s. Kapitel 10)
- Gruppen (s. Kapitel 9)
- Geteilte Links (die über den Anschluss an den Social Graph – also z.B. über einen externen Like-Button, s. Kapitel 12 – in Facebook weitergesagt wurden)

Klickt man darunter auf *Weitere Ergebnisse für … anzeigen*, dann gelangt man zur ausführlichen *Suche*-Seite, auf der man außerdem noch nach *Anwendungen*, *Veranstaltungen* und *Beiträge von Freunden*, die den Suchbegriff enthalten, unterscheiden kann.

Facebook weitet die Reichweite seiner Suchergebnisse immer mehr aus und etabliert sich damit zunehmend als eigene Art von Suchmaschine.

Schaltzentrale Startseite, linke Spalte

Von der linken Spalte der Facebook-Startseite aus können Sie über folgende Links in beinahe alle Ihre Aktivitätsbereiche Einsicht nehmen:

- Favoriten:
  - Neuigkeiten (mehr dazu gleich)
  - Nachrichten (führt zur Verwaltung Ihrer Privatnachrichten, s. Kapitel 8)
  - Veranstaltungen (führt zur Liste kommender Geburtstage und Veranstaltungen)
  - Alles, was Sie als Favorit ablegen

Bei den folgenden Punkten, werden Ihnen in der linken Spalte die kürzlich verwendeten angezeigt (ändert sich also immer wieder). Zur jeweiligen Gesamtübersicht kommen Sie, wenn Sie den Bereich mit der Maus überfahren und dann auf *MEHR* klicken.

- *Gruppen* (in denen Sie Mitglied sind)
- *Freunde* (Ihre Freundeslisten)
- *Anwendungen und Spiele* (allgemeine Verwaltung und die, die Sie zuletzt verwendet haben)
- *Seiten* (Liste der von Ihnen verwalteten Seiten)
- *Interessen* (Ihre Interessenlisten, sofern vorhanden)

▣ Neuigkeiten

Was machst du gerade?

 **SocialMediaNaut** Studie zur Aktivität von Twitter-Nutzern via @massklusive http://blog.massklusive.com/2010/03/24/wie-aktiv-sind-twitter-nutzer-wirklich/

 **Wie aktiv sind Twitter-Nutzer wirklich? | massklusive.com | dialog.digital: Blog**

blog.massklusive.com

10 Milliarden veröffentlichte Nachrichten – diese „magische" Grenze wurde vor einigen Tagen beim Kurznachrichtendienst Twitter erreicht – bei

▣ vor 20 Minuten · Kommentieren · Gefällt mir · Teilen

👍 Karim-Patrick Bannour **gefällt das.**

Schreibe einen Kommentar ...

 **Christian**   Schöne Idee

 The Future of Publishing - created by DK (UK)

www.youtube.com

 This video was prepared by the UK branch of Dorling Kindersley Books and produced by Khaki Films (http://www.thekhakigroup.com/). Originally meant solely for a DK sales conference, the video was such a hit internally that it is now being shared externally. ...

 vor 14 Minuten · Kommentieren · Gefällt mir · Teilen

„Neuigkeiten": „Hauptmeldungen" und „Neueste Meldungen"

Ihre Beiträge und die Ihrer Vernetzungen erscheinen als Kopie (!) noch einmal in Ihren Nachrichtenströmen auf Ihrer Startseite. Solche Nachrichtenströme nennt man Feeds oder Newsfeeds (von englisch „to feed" = einspeisen).

Diese Feeds sind also Zusammenstellungen von Beiträgen und Aktivitäten aller Art, so dass Sie diese einsehen können, ohne all die Ursprungsorte der einzelnen Postings abklappern zu müssen. Welchen Feed Sie gerade sehen, erkennen Sie daran, welcher Link oben unter *Sortieren* aktiviert ist.

Der Standard-Feed von Facebook ist Neuigkeiten in der linken Spalte. Dieser ist noch einmal unterteilt in *Hauptmeldungen* und *Neueste Meldungen* (siehe rechts über dem Feed):

- Neueste Meldungen zeigt die von Ihnen abonnierten Beiträge Ihrer Vernetzungen in rückwärts chronologischer Reihenfolge an.
- Hauptmeldungen hingegen liefern ein „Best of" dieser Beiträge gemäß Ihres Interaktionsverhaltens.

Facebook berechnet hierbei die „Beliebtheit" der einzelnen Beiträge (Fachbegriff: Edge Rank) und steuert darüber, welche Beiträge angezeigt werden (mehr dazu gleich).

Tipp

Ihre Präferenzen für die hier angezeigten Feeds können Sie über gezielte Einstellungen beeinflussen: entweder, indem Sie bestimmte Vernetzungen gezielt ausblenden (mehr dazu gleich), oder, indem Sie bestimmte Meldungsarten pro Liste oder Person ausblenden (siehe Seite 133).

Wie Facebook die Beliebtheit von Beiträgen berechnet (Edge Rank)

Ein Fachbegriff, der im Zusammenhang mit Facebook immer wieder fällt, ist Edge Rank. Dies bezeichnet die Berechnungsweise, mit der in Facebook die Beliebtheit von Beiträgen in Bezug auf Ihre Person ermittelt wird. Ein Beitrag wird umso höher bewertet,

- wenn er einen Anhang (Link, Foto, Video, Audio) hat.
- je mehr Interaktion er bekommt.
- je öfter Sie mit dem Absender interagieren.
- je neuer er ist.

In den Newsfeeds auf der Startseite werden vor allem die Beiträge von Seiten gemäß dieser Beliebtheitsskala angezeigt.

Tipp

Um von Ihren Freunden oder wichtigen Seiten keine Updates zu verpassen, sollten Sie sie in Listen ordnen und deren Feeds gesondert abrufen (siehe Kapitel 4 und 10).

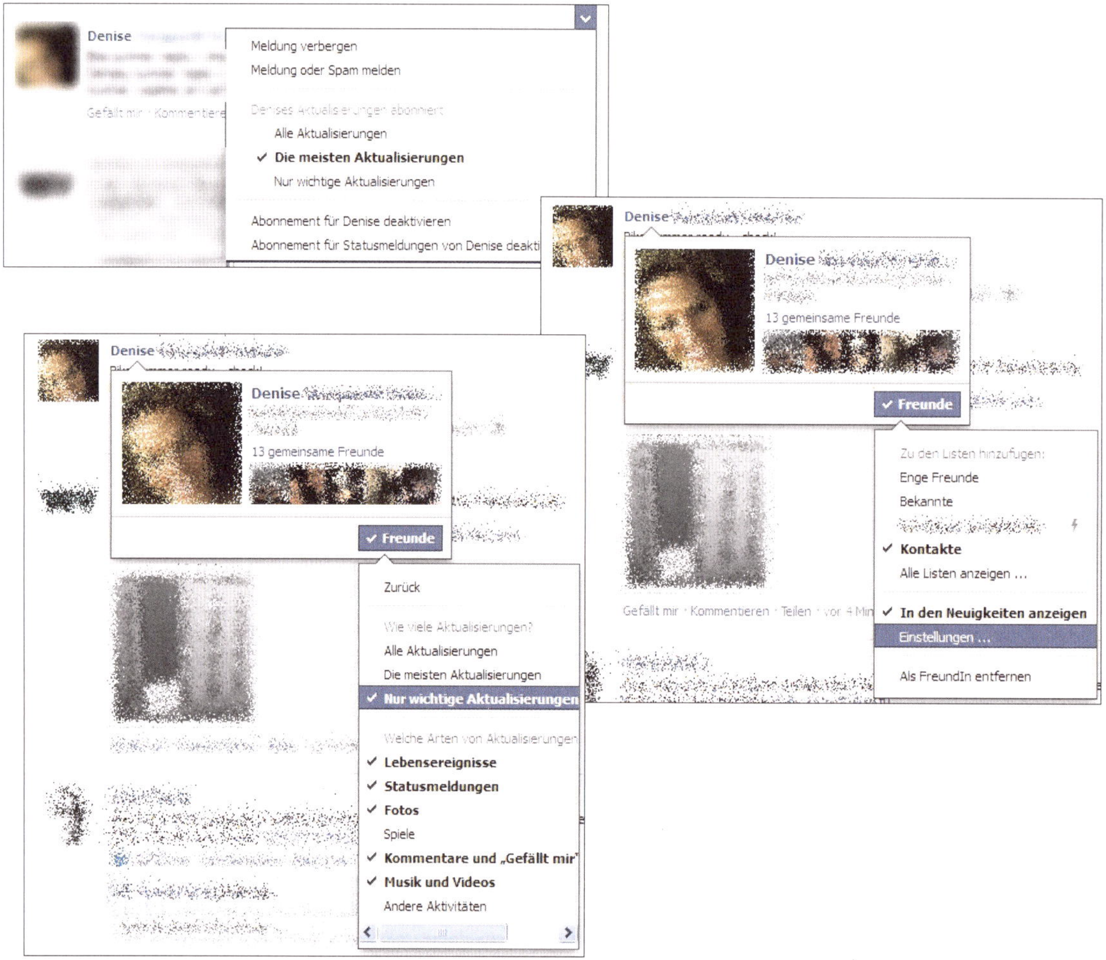

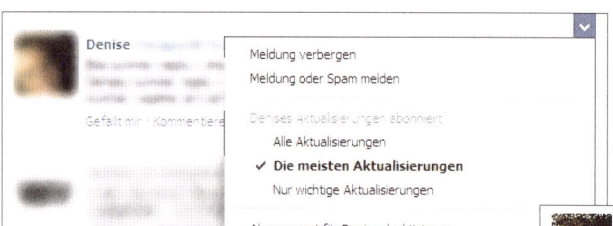

Denise

Meldung verbergen
Meldung oder Spam melden

Denises Aktualisierungen abonniert
Alle Aktualisierungen
✓ **Die meisten Aktualisierungen**
Nur wichtige Aktualisierungen

Abonnement für Denise deaktivieren
Abonnement für Statusmeldungen von Denise deakti

Gefällt mir · Kommentiere

Denise

Denise
13 gemeinsame Freunde

✓ **Freunde**

Zu den Listen hinzufügen:
Enge Freunde
Bekannte
✓ **Kontakte**
Alle Listen anzeigen ...

✓ **In den Neuigkeiten anzeigen**
Einstellungen ...

Als FreundIn entfernen

Gefällt mir · Kommentieren · Teilen · vor 4 Min

Denise

Denise
13 gemeinsame Freunde

✓ **Freunde**

Zurück

Wie viele Aktualisierungen?
Alle Aktualisierungen
Die meisten Aktualisierungen
✓ **Nur wichtige Aktualisierungen**

Welche Arten von Aktualisierungen?
✓ **Lebensereignisse**
✓ **Statusmeldungen**
✓ **Fotos**
Spiele
✓ **Kommentare und „Gefällt mir"**
✓ **Musik und Videos**
Andere Aktivitäten

Meldungen aus den Startseiten-Feeds verbergen

Möchten Sie die Beiträge einer bestimmten Person, Seite oder Anwendung nicht in Ihrem Newsfeed angezeigt bekommen, so können Sie diese ausblenden. Fahren Sie dazu mit der Maus über eines der betreffenden Postings, und klicken Sie dann auf das Kästchen, dass in der rechten oberen Ecke erscheint.

Handelt es sich um ein normales Posting, erscheint ein Feld mit mehreren Links, darunter

- *Meldung verbergen* – um nur diese eine Meldung auszublenden
- *Alle/Die meisten/Nur wichtige Aktualisierungen* – zum generellen Einschränken oder Erweitern der Meldungen von dieser Person
- *Abonnement für [Name] deaktivieren* – gar keine Meldungen mehr von dieser Person bekommen

Handelt es sich um ein Posting, das von einer Anwendung aus erstellt wurde, erscheint zusätzlich der Link *Beiträge von [Anwendungsname] verbergen*, um alle Meldungen, die mit dieser App versendet werden, auszublenden, egal von welcher Person.

Um für eine bestimmte Person noch detailliertere Einstellungen zu treffen, überfahren Sie deren Namen mit der Maus, fahren dann rüber auf den *Freunde*-Button der erscheinenden Visitenkarte und wählen im aufklappenden Menü *Einstellungen* unter *In den Neuigkeiten anzeigen*. Daraufhin können Sie Häkchen bei den folgenden einzelnen Meldungsarten setzen oder rausnehmen:

- *Lebensereignisse*
- *Statusmeldungen*
- *Fotos*
- *Spiele*
- *Kommentare und Gefällt mir*
- *Musik und Videos*
- *Andere Aktivitäten*

Dasselbe funktioniert auch bei Personen, die Sie nur abonniert haben, ohne mit ihnen befreundet zu sein. Dasselbe Menü ist auch im Profil von anderen über den *Freunde*-Button dort zugänglich. So können Sie ganz gezielt einstellen, von wem Sie welche Meldungen und wieviel davon angezeigt bekommen wollen.

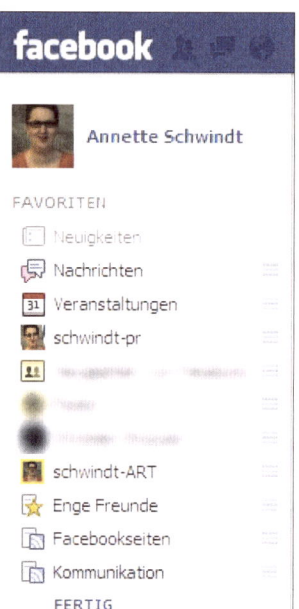

Eigene Feeds für die Startseite einrichten

Über die in *Neuigkeiten* gelisteten Standardfeeds *Hauptmeldungen* und *Neueste Meldungen* hinaus, können Sie sich Ihre eigenen Feeds einrichten, indem Sie Ihre Vernetzungen durch Freundeslisten und Interessenlisten strukturieren.

Haben Sie, wie in Kapitel 4 beschrieben, bereits solche Listen angelegt, so erscheinen diese in der linken Spalte Ihrer Startseite. Freundeslisten und die von Facebook automatisch erstellten Listen (*Eingeschränkt, Bekannte* etc.) finden Sie unter *Freunde. Interessenlisten* finden Sie weiter unten unter *Interessen* oder in Ihrem Profil unter *Abonnements*. Wählen Sie nun eine dieser Listen aus, so werden im Feedbereich der Startseite nur Beiträge und Meldungen aus dieser Liste angezeigt.

Um bestimmte Listen immer oben in der linken Spalte griffbereit zu haben, können Sie sie *Zu Favoriten hinzufügen*, indem Sie auf den Stift links vom Listennamen klicken, wenn Sie ihn mit der Maus überfahren.

Tipp

Klicken Sie innerhalb der Favoriten oben auf einen Stift neben dem Namen eines Feeds, können Sie diesen entweder *von den Favoriten entfernen* oder unter *Neu ordnen* Ihren Favoriten per drag&drop eine andere Reihenfolge geben. Danach unter den Favoriten auf *Fertig* klicken.

SEITEN

INTERESSEN

Bücher

Abonnements

Freunde im Chat

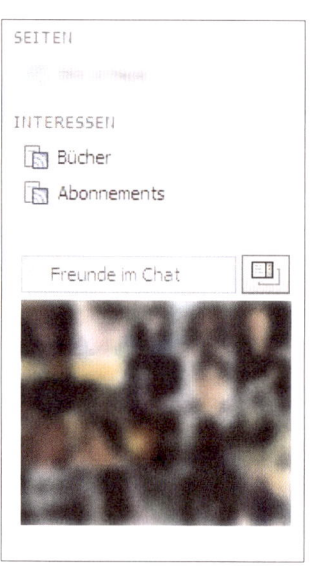

Ein Anreiz zum Chatten

Das letzte Element in der linken Sidebar ist der Bereich *Freunde im Chat*. Wie in Kapitel 4 noch genauer erklärt wird, gibt es innerhalb von Facebook nämlich auch eine Chat-Option (siehe den grauen Kasten unten rechts im Facebook-Fenster).

Sind Sie für den Chat offline gemeldet, wird in der linken Sidebar nur eine Meldung dazu angezeigt. Sind Sie für den Chat online, werden hier die Freunde angezeigt, die online sind und für die Sie sich online gemeldet haben oder das Chatten via Mobiltelefon (Messenger oder App) verwenden.

Um mit diesen Freunden zu chatten, können Sie die Fotos direkt in der linken Sidebar anklicken. Der Chat öffnet sich dann unten rechts im Facebook-Fenster (s. Kapitel 8).

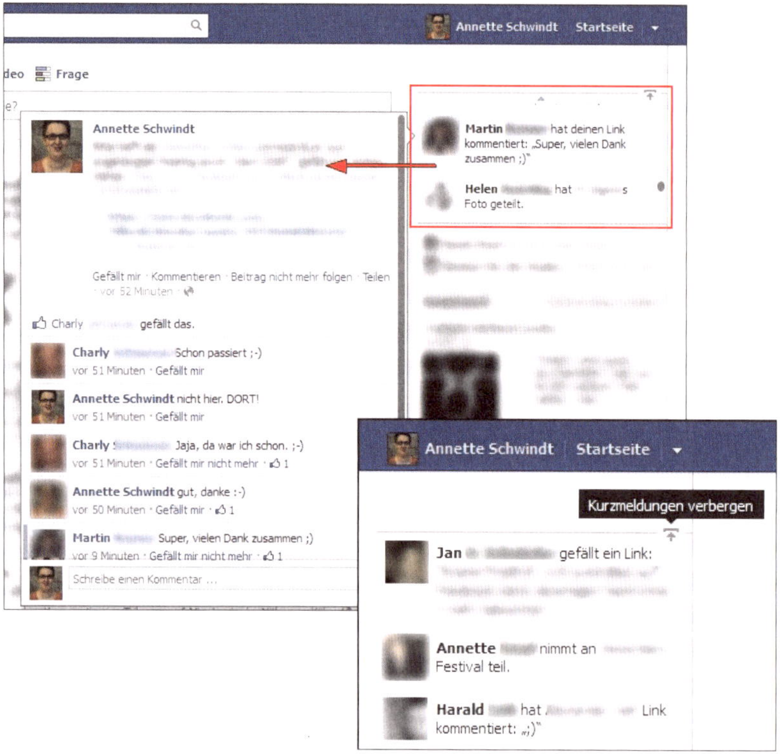
Annette Schwindt
Startseite
Frage
Annette Schwindt
Gefällt mir · Kommentieren · Beitrag nicht mehr folgen · Teilen
Charly gefällt das.
Charly Schon passiert ;-)
vor 51 Minuten · Gefällt mir
Annette Schwindt nicht hier, DORT!
vor 51 Minuten · Gefällt mir
Charly Jaja, da war ich schon. ;-)
vor 51 Minuten · Gefällt mir nicht mehr · 1
Annette Schwindt gut, danke :-)
vor 50 Minuten · Gefällt mir · 1
Martin Super, vielen Dank zusammen ;)
vor 9 Minuten · Gefällt mir nicht mehr · 1
Schreibe einen Kommentar ...
Martin hat deinen Link kommentiert: „Super, vielen Dank zusammen ;)"
Helen hat s Foto geteilt.
Annette Schwindt
Startseite
Kurzmeldungen verbergen
Jan gefällt ein Link:
Annette nimmt an Festival teil.
Harald hat Link kommentiert: „;)"

Veronika gefällt s Foto.
Veronika hat s Foto kommentiert:
scrollen
Anne gefällt s Foto.
Christiane gefällt s Status.
Holger hat s Foto geteilt.
Frank hat seinen eigenen Beitrag in kommentiert: „Vorschlag: Sammel die doch mal..."
Jan gefällt ein Link:
Annette nimmt an Festival teil.
Harald hat Link kommentiert: „;)"
Alexander Schestag
verschieben
Kerstin
Marie-Christine Schindler
Suche

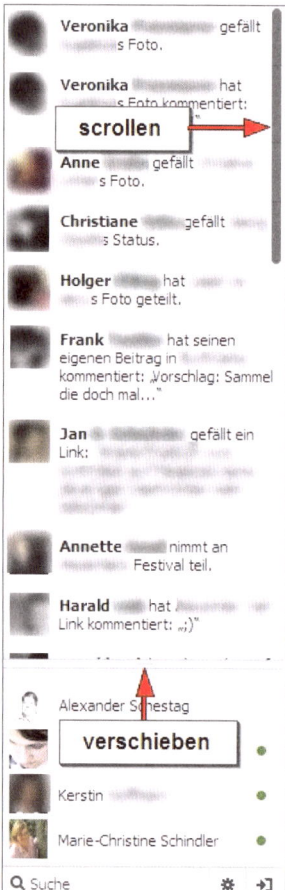

Der Liveticker: Was passiert jetzt gerade?

Sobald Sie 100 Freunde oder mehr haben, erscheint auf Ihrer Startseite oben rechts bzw. in der Chatleiste der sogenannte Liveticker. Darin sehen Sie in Echtzeit, was Ihre Freunde gerade in Facebook machen.

Ob Ihnen der Liveticker auf der Startseite angezeigt wird oder nicht, können Sie per Klick auf den Pfeil oben rechts entscheiden. Wie groß der Liveticker in der Chatleiste sein soll, entscheiden Sie durch Verschieben des Balken zwischen Liveticker und Chatkontakten.

Innerhalb des Livetickers können Sie immer scrollen, indem Sie ihn mit der Maus berühren und den daraufhin erscheinenden Scrollbalken benutzen.

Meldungen im Liveticker können nach links ausgeklappt werden, indem Sie sie mit der Maus berühren. Die ausgeklappten Postings können Sie ganz normal kommentieren, liken oder teilen. Handelt es sich um Musik oder Videos, können Sie sie direkt dort abspielen.

Tipp

Ihre Freunde sehen im Liveticker nur das von Ihnen, was ohnehin für sie sichtbar wäre. Beiträge, die Sie in den Sichtbarkeitseinstellungen vor bestimmten Personen verborgen haben, kommen in deren Liveticker nicht vor. Aber Meldungen, die Sie in Ihrem Profil aus dem Aktivitätenkasten ausgeblendet haben, deren zugrundeliegende Aktivität aber für Ihre Freunde sichtbar ist, erscheinen nach wie vor bei den Freunden im Liveticker.

♥ Anwendungen und Spiele

Featured Apps

Puzzle Adventures
★★★★
Puzzle Adventures is a unique arcade Jigsaw time based puzzling game which offers great challenges with friend...Mehr anzeigen

Pawn Stars: The Game
★★★★★
Build your own pawn empire from the ground up. Haggle with customers, consult with experts, sell items fo...Mehr anzeigen

Galaxy Life
★★★★★
Lead your Starling colony to victory in the most fun space strategy game yet. Intriguing planets, weird and wo...Mehr anzeigen

War Commander
★★★★
30 years after the collapse of civilization, chaos reigns. There is no government, there is no order, there is...Mehr anzeigen

Castle Age
★★★★
Raise an army of Knights, Elves, and mythical creatures to conquer the continent in Castle Age. Explore a lan...Mehr anzeigen

Battle Pirates
★★★★
Command fleets, build your base and battle other players on the high seas!

Anwendungen und Spiele

Empfohlene Spiele   Von Freunden verwendet   **Empfohlene Anwendungen**
Neueste Spiele

Glücksnuß!
Nur zum Spaß · Selbstdarstellung
Welches ist heute dein Glück? Öffne deine Glücksnuß und entdecke es!
Bianca   hat 'Glücksnuß'! im letzten Monat benutzt.

★★★★

SoundCloud
Unterhaltung · Musik
Not using SoundCloud? Get the app for free to post original sounds to Facebook and

Entdecke neue Spiele

Hoop De Loop Saga
6.000.000 Personen spielen das.
◻ Jetzt spielen

Idle Worship
400.000 Personen spielen das.
◻ Jetzt spielen

Gold Miner: Rush
180.000 Personen spielen das.
◻ Jetzt spielen

Marvel: Avengers Alliance

KAPITEL 7 | Anwendungen

Um Ihre Aktivitäten auf Facebok zu erweitern, können Sie Anwendungen benutzen. Damit können Sie die Funktionen eines Profils oder einer Seite erweitern. (Für Gruppen ist dies nicht möglich!)

Folgende Anwendungen sind standardmäßig für ein Profil oder eine Seite vorinstalliert und müssen nur noch benutzt werden:

- Links
- Fotos
- Videos (finden Sie, wenn Sie *Fotos* anklicken)
- Notizen

Anwendungen finden Sie über den Link *Anwendungen und Spiele* in der linken Spalte Ihrer Startseite (siehe Abbildung links) oder über Beiträge, die Freunde mithilfe von Anwendungen posten. Spiele sind übrigens auch Anwendungen.

Achtung

Für alle Anwendungen und Spiele müssen die Privatsphäre-Einstellungen jeweils einzeln festgelegt werden.

Daily Horoscope
Daily Horoscope

Zur Anwendung | **Abbrechen**

ÜBER DIESE ANWENDUNG

You can see your daily horoscope in your profile.

Wer Beiträge sehen kann, die diese Anwendung für dich in deiner Facebook-Chronik postet: [?]

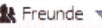 Freunde ▼

DIESE ANWENDUNG ERHÄLT ZUGRIFF AUF:

- Deine allgemeinen Informationen [?]
- Deine E-Mail-Adresse
- Dein Geburtstag
- Geburtstage deiner Freunde

 Diese Anwendung darf unter deinem Namen posten, einschließlich horoscopes you read und mehr.

Indem du fortfährst, stimmst du den Allgemeine Geschäftsbedingungen und Datenschutzrichtlinien von Daily Horoscope zu. · Anwendung melden

Wie füge ich Anwendungen zu meinem Profil hinzu?

Ich werde hier zunächst nur auf Anwendungen für Profile eingehen. (Mehr zum Thema Anwendungen für Seiten finden Sie in Kap10.)

Wenn Sie eine Anwendung gefunden haben, die Sie benutzen wollen, müssen Sie ihr zunächst den Zugriff auf Ihr Profil oder Ihre Seite erlauben und nähere Einstellungen treffen (siehe roter Kasten in der Abbildung links). Dann klicken Sie auf den blauen Button *Zur Anwendung*, um diese zu Ihrem Profil hinzuzufügen. Sie wird dann als weiterer Kasten im Kopfbereich Ihres Profils angezeigt.

Grundsätzlich finden Sie die von Ihnen hinzugefügten Anwendungen wieder unter *Konto → Privatsphäre-Einstellungen → Anwendungen und Webseiten* bzw. über die Dashboards für Anwendungen und Spiele auf der Startseite (s. Kapitel 6).

Sollte es sich bei der Anwendung um eine Verknüpfung mit einem anderen Dienst (z.B. Twitter) handeln, so müssen Sie auch den Zugriff zu Ihrem Profil bei diesem anderen Dienst autorisieren. Mehr dazu finden Sie auf den folgenden Seiten.

Tipp

Um die Reihenfolge der in Ihrem Profil angezeigten Anwendungen zu ändern, klicken Sie auf den Pfeil mit der Zahl rechts von den angezeigten Kästen, um alle auszuklappen. Dann überfahren Sie den Kasten, den Sie verschieben wollen, mit der Maus, klicken auf den erscheinenden Stift und dann auf den Namen des Kastens, mit dem Sie die Position tauschen wollen. Die Kästen *Freunde* und *Fotos* sind allerdings nicht verschiebbar. Neu hinzugefügte Anwendungen können Sie in die leeren Kästen mit dem Pluszeichen verschieben.

SoundCloud
Share Your Sounds

 **Zur Anwendung** | Abbrechen

ÜBER DIESE ANWENDUNG

Not using SoundCloud? Get the app for free to post original sounds to Facebook and share stories about your sounds with friends and fans.

DIESE ANWENDUNG ERHÄLT ZUGRIFF AUF:

- Deine allgemeinen Informationen [?]
- Deine E-Mail-Adresse

Wer Beiträge sehen kann, die diese Anwendung für dich in deiner Facebook-Chronik postet: [?]

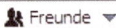 Freunde ▼

 Diese Anwendung darf unter deinem Namen posten, einschließlich Personen, die dir gefallen, sounds you posted und mehr.

Indem du fortfährst, stimmst du den Allgemeine Geschäftsbedingungen und Datenschutzrichtlinien von SoundCloud zu · Anwendung melden

Andere Dienste per Anwendung in mein Profil einbinden

Wie ich zu Anfang erwähnt habe, kann Facebook als „Web im Web" genutzt werden, über das auch andere Dienste in Ihr Facebook-Profil eingebunden werden können (mehr zum Thema Anwendungen für Seiten finden Sie in Kapitel 10). So lassen sich u.a. folgende Dienste mit Facebook verbinden:

- Twitter (mehr dazu gleich)
- Soundcloud: *http://www.facebook.com/soundcloud*
- Spotify: *http://www.facebook.com/Spotify*

Alle Dienste, die einen RSS-Feed anbieten, lassen sich über verschiedene RSS-Anwendungen wie z.B. die folgenden einbinden:

- Networked Blogs: *http://www.facebook.com/apps/application.php?id=9953271133*
- Social RSS: *http://www.facebook.com/apps/application.php?id=23798139265*
- RSS Graffiti: *http://www.facebook.com/apps/application.php?id=45439413586*

Am einfachsten gelangen Sie zu den Anwendungsseiten, indem Sie deren Namen ins Suchfeld oben im blauen Balken eingeben.

Über sogenannte „social apps" können Sie auch das Lesen von Zeitungsartikeln oder das Anhören von Musik live in Facebook teilen. Mehr dazu unter *http://www.facebook.com/about/timeline/apps*

✔ Dein Facebook-Profil ist jetzt mit Twitter verknüpft.

Du teilst deine öffentliche Aktualisierungen jetzt auf Twitter als annetteschwindt. Du kannst das jederzeit rückgängig machen.

Denke daran: Nur Facebook-Beiträge mit der Privatsphäre-Einstellung „öffentlich" werden auf Twitter geteilt. Erfahre mehr über deine Privatsphäre-Einstellungen.

Annette Schwindt

Mit Twitter verknüpft (als annetteschwindt)

Einstellungen bearbeiten · Verknüpfung mit Twitter entfernen

- ☑ Statusmeldungen
- ☑ Fotos
- ☑ Links
- ☑ Video
- ☐ Notizen
- ☐ Veranstaltungen

Denke daran: Nur Facebook-Beiträge mit der Privatsphäre-Einstellung „öffentlich" werden auf Twitter geteilt. Erfahre mehr über deine Privatsphäre-Einstellungen.

[Änderungen speichern] [Abbrechen]

Twitter mit meinem Facebook-Profil verbinden

Sie haben mehrere Möglichkeiten, Twitter mit Ihrem Facebook-Profil zu verbinden. Dabei gibt es bislang leider nur Anwendungen, die von Twitter nach Facebook posten oder die Nutzung von Twitter von Facebook aus erlauben. (Nur von Fanseiten aus ist das Posten von Facebook nach Twitter kein Problem, mehr dazu in Kapitel 10.)

- automatisches Posten aller Tweets eines bestimmten Twitter-Kontos ins Facebook-Profil: *http://apps.facebook.com/twitter*
- Posten von ausgewählten Tweets (die mit dem Hashtag #fb) eines bestimmten Twitter-Kontos ins Facebook-Profil mithilfe von „Selective Tweets": *http://www.facebook.com/selectivetwitter*
- automatisches Posten von öffentlichen Facebook-Updates nach Twitter *http://www.facebook.com/twitter* (siehe Abbildung links)

Tipp

Achten Sie beim Vernetzen verschiedener Dienste darauf, dass sie nicht zu Dopplungen in einem oder mehreren der verbundenen Dienste führen. Das kann von Ihren Facebook-Freunden schnell als störend empfunden werden.

Veranstaltungen

Wenn Sie andere auf eine Veranstaltung aufmerksam machen wollen, die Sie ausrichten, oder Ihre Freunde zu derselben einladen wollen, können Sie dazu die gleichnamige Anwendung von Facebook benutzen. Diese finden Sie im Reiter mit dem Pluszeichen.

Innerhalb dieses neuen Reiters können Sie dann Ihre Veranstaltung über den Button *Veranstaltung erstellen* hinzufügen (oder, wenn Sie noch keine vorher erstellt haben, über den Link *Erstelle eine*). In den folgenden Schritten müssen Sie folgende Informationen eingeben:

- Titel der Veranstaltung, Ort, Beginn und Ende der Veranstaltung, Zugangsstufe
- Bild, Kategorie/Art, Beschreibung, Veranstaltungsoptionen

Von dort aus können Sie entweder gleich Freunde einladen, oder Sie überspringen diesen Schritt erst einmal, um die Veranstaltungsseite weiter zu bearbeiten. Einladungen zu dieser Veranstaltung verschicken können Sie dann jederzeit von der Veranstaltungsseite aus, und zwar über den Link *Jemanden einladen*. Die Eingeladenen können dann entweder direkt die Veranstaltungsseite besuchen oder gleich angeben, ob sie teilnehmen werden oder nicht, bzw. die Einladung ignorieren. Auf der Veranstaltungsseite selbst haben sie dann noch zahlreiche weitere Interaktionsmöglichkeiten (je nachdem, was der Veranstalter freigegeben hat).

Wenn Sie die Veranstaltung anlegen, wird diese automatisch auf die Pinnwand gepostet. Möchten Sie das nicht, können Sie sie dort manuell wieder entfernen. Später posten können Sie dann aber nur noch manuell per Link zur Veranstaltungsseite (URL kopieren).

GOLDEN EGG HUNT!

Hint: Golden eggs are not just hidden in the game... check the credits!

JOIN ANGRY BIRDS FACEBOOK PAGE!

Annette — 0
Patty — 79,670

LEVEL SCORES

5 Zabos	79,960
6 Patty	79,670
7 Annette	76,640
Felix	INVITE!
Heike	INVITE!

INVITE   INBOX
SHOP   AVATAR

150

Anwendungen zur Unterhaltung

Facebook verfügt über zahlreiche Anwendungen, mit denen Sie sich die Zeit vertreiben können. Neben Spielen („FarmVille" dürfte das bekannteste sein: *http://www.facebook.com/apps/application. php?id=102452128776*; weitere finden Sie über Ihr Spiele-Dashboard, s. Kapitel 6) gibt es auch Quizanwendungen oder virtuelle Zuneigungsbekundungen. Einige zusätzliche Funktionen in solchen Anwendungen muss man mit Credits, der virtuellen Währung von Facebook, kaufen, für die man aber mit echtem Geld zahlen muss, s. Kapitel 12.)

Tipp

Jede Anwendung bekommt Zugriff auf Ihre persönlichen Daten. Wenn Sie also ein Spiel nicht mehr spielen oder eine Unterhaltungsanwendung nicht mehr nutzen wollen, entfernen Sie die dazugehörige Anwendung aus Ihrem Konto (*Pfeil* → *Privatsphäre-Einstellungen* → *Anwendung und Webseiten*).

Anwendungseinladungen

Wenn Sie eine Anwendung auf Facebook nutzen, werden Sie in der Regel aufgefordert, diese an Freunde weiterzuempfehlen. Solchen Aufforderungen können Sie, müssen Sie aber nicht nachkommen. Sie werden schnell merken, wie störend es werden kann, wenn man selbst ständig solche Einladungen bekommt.

Wenn Ihre Freunde Sie zur Nutzung einer Anwendung einladen, werden Sie darüber in der linken Spalte der Startseite und per Benachrichtigung informiert.

Sie können jetzt:

- die Einladung annehmen (und werden dann aufgefordert, die Anwendung zuzulassen).
- die Einladung entfernen, indem Sie sie unter *Anwendungen und Spiele* aufrufen und auf das Kreuz dahinter klicken, das erscheint, wenn Sie die Einladung mit der Maus überfahren (nicht die Einladung selbst anklicken!).

Tipp

Wenn Sie von einer Person keine Spielemeldungen mehr sehen wollen, gehen Sie in deren Profil, überfahren den *Freunde*-Button dort mit der Maus, klicken auf *Einstellungen* und nehmen bei *Spiele* das Häkchen raus.

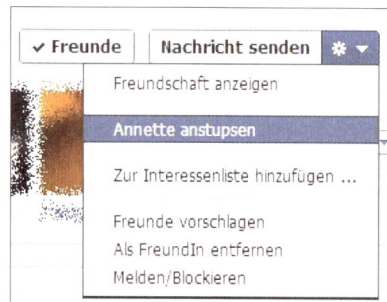

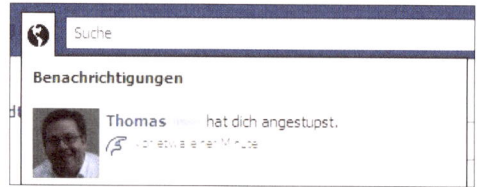

Andere anstupsen

Wenn Sie einen Freund auf sich aufmerksam machen wollen, ohne ihm eine Nachricht zu schicken oder an seine Pinnwand zu posten, können Sie ihn auch *anstupsen*. Dazu brauchen Sie nur im Profil dieser Person rechts auf das Zahnrad und *[Name] anstupsen* zu klicken. Der Angestupste wird dann über den Anstupser benachrichtigt.

Wenn der Angestupste seinen Anstupser anschaut, bekommt er dazu die Option *Zurückstupsen* sowie ein Kreuzchen angezeigt, um den Anstupser zu löschen.

Tipp

Wenn Sie einen Anstupser löschen, wird der Stupsende darüber nicht informiert.

Die neuen Nachrichten

SMS, Chat und E-Mail zusammen in einer einfachen Unterhaltung.

Alle deine Nachrichten an einem Ort

Erhalte alle Facebook-Nachrichten, Chat-Nachrichten und SMS an einem Ort.

- Füge E-Mails hinzu, indem du deine optionale Facebook-E-Mail-Adresse aktivierst
- Bestimme mithilfe deiner Privatsphäre-Einstellungen, wer dir Nachrichten senden kann

Gesamter Unterhaltungsverlauf

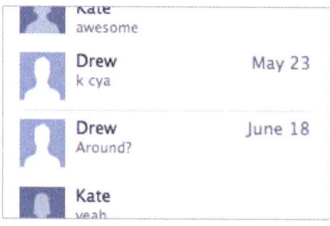

Kate
awesome

Drew   May 23
k cya

Drew   June 18
Around?

Kate
yeah

Sieh alles, was du jemals mit einem deiner Freunde besprochen hast, in einer einzigen Unterhaltung.

- Betreffzeilen und andere Formalitäten sind nicht erforderlich
- Du kannst lange Unterhaltungen, die nicht mehr von Interesse für dich sind, ganz einfach verlassen

Die Nachrichten, die du erhalten möchtest

Konzentriere dich auf Nachrichten von deinen Freunden.

- Nachrichten von unbekannten Absendern und Massen-E-Mails werden in den „Sonstiges"-Ordner verschoben
- Spam wird automatisch verborgen

Weitere Informationen findest du in den häufigsten Fragen zu den neuen Nachrichten.

Zu Facebook-Nachrichten

KAPITEL 8 | Nicht-öffentliche Kommunikation

Neben der (gemäß den Privatsphären-Einstellungen mehr oder minder) offenen Kommunikation in Profilen, Gruppen und Seiten gibt es noch andere Kommunikationsformen auf Facebook, die generell nicht öffentlich sind. Früher waren Nachrichten und Chat in Facebook noch getrennt. Seit Anfang 2011 sind sie im Facebook-Dienst Messages (Nachrichten) zusammengefasst. Das heißt, Sie erhalten Ihre privaten Nachrichten da, wo Sie gerade sind, und der Unterhaltungsverlauf wird – wenn Sie ihn nicht löschen – in Ihrem Postfach gespeichert.

Sind Sie im Chat für jemand anderen online, dann erreichen dessen Nachrichten Sie dort. Sind Sie nicht im Chat, wohl aber in Facebook online, bekommen Sie Ihre Nachrichten ins Postfach. Sind Sie offline, erhalten Sie Ihre Nachrichten (wenn *Benachrichtigung* eingestellt ist) per Mail oder gegebenenfalls per SMS.

Umgekehrt können Sie Ihre Facebook-Freunde, wenn sie eine Facebook-Mailadresse eingerichtet haben, darüber auch von außerhalb der Plattform per Mail kontaktieren. Oder per SMS, falls Sie beide das aktiviert haben. (In Deutschland nur mit O2 möglich, in Österreich nur mit 3.)

Ebenfalls nicht öffentlich sind die Benachrichtigungen, die Facebook an Profil- und Seiteninhaber über neueste Aktivitäten ihrer Vernetzungen schickt.

Diese Kommunikationsformen werden auf den folgenden Seiten näher erläutert.

Private Nachrichten verschicken

Möchten Sie mit einem oder mehreren Freunden nicht-öffentlich über Facebook kommunizieren, können Sie Ihre Postings an diese Person(en) über die Sichtbarkeitseinstellungen Ihres Postings in Kombination mit @mention nur für diese Person(en) zugänglich machen (s. Kapitel 5). Wesentlich einfacher ist es aber, dafür die *Nachrichten*-Funktion zu nutzen.

Neue Nachrichten können Sie entweder über *Startseite → linke Sidebar: Nachrichten → + Neue Nachricht* verfassen, oder Sie klicken (egal von welcher Seite aus) im blauen Balken oben links auf das Sprechblasen-Symbol und dann auf *Neue Nachricht verschicken*. Nachrichten können an einen oder mehrere Facebook-Freunde gleichzeitig verschickt werden.

Daraufhin öffnet sich ein kleines Fenster, das wie ein E-Mail-Formular aussieht. Im Empfängerfeld *An:* können Sie einen oder mehrere Namen Ihrer Facebook-Freunde eingeben. Während Sie den Namen eingeben, wird sich ein Dropdown-Menü unter diesem Feld öffnen, aus dem Sie die Freunde, die auf die bereits eingegebenen Buchstaben passen, auch per Klick auswählen können. Geben Sie dann Ihre *Nachricht* ein. Sie können (analog zum normalen Posten) auch Anhänge hinzufügen, indem Sie über die Büroklammer eine Datei anhängen oder über das Kamera-Icon ein Foto oder Video per Webcam aufnehmen und anhängen.

Achtung

Wenn Sie eine Nachricht an mehrere Empfänger verschicken und einer von ihnen direkt antwortet, dann geht diese Antwort an alle Beteiligten und nicht nur an Sie. Als Empfänger einer solchen Nachricht können Sie aber über die Optionen rechts *Unterhaltung verlassen* wählen.

Alexandra
Danke für die Info
Hi Annette,

lieben Dank für die hilfreiche Information.

Grüße aus Wien

Alexandra

Antwort verfassen …

Antworten

160

Private Nachrichten erhalten und beantworten

Wenn Sie eine private Nachricht bekommen, erscheint im Sprechblasen-Symbol oben links im blauen Balken eine kleine rote Zahl. Über das Sprechblasen-Symbol können Sie die Nachricht abrufen und in dem sich daraufhin öffnenden Nachrichtenfeld direkt beantworten. Dazu brauchen Sie nur in das Formularfeld *Antwort* unter der erhaltenen Nachricht zu schreiben und dann auf *Antworten* zu klicken. Sie haben dabei ebenfalls die Möglichkeit, Anhänge zu verwenden.

Außerdem erhalten Sie per E-Mail eine Benachrichtigung über die neu eingegangene Nachricht (es sei denn, Sie haben dies abgestellt – mehr dazu gleich). In dieser E-Mail können Sie die Nachricht direkt lesen. Um sie zu beantworten, müssen Sie auf Facebook eingeloggt sein und wie oben beschrieben vorgehen. Die E-Mail enthält zwar auch einen Direkt-Link zur Nachricht (einloggen muss man sich aber trotzdem zuerst), aber da immer wieder falsche Facebook-Mails mit Malware-Links in Umlauf sind, sollten Sie sicherheitshalber den einen Schritt mehr in Kauf nehmen und erst auf Facebook ins Nachrichten-Fach klicken.

Achten Sie beim Erhalten von Nachrichten darauf, ob diese nur an Sie oder an mehrere Empfänger gleichzeitig geschickt wurden, bevor Sie dem Absender antworten. Denn Ihre Antwort wird sonst an alle Beteiligten verschickt. Möchten Sie dem Absender also antworten, ohne dass weitere Personen dies sehen können, schicken Sie ihm lieber eine neue Nachricht, die nur an ihn allein gerichtet ist, anstatt die Antworten-Funktion zu nutzen.

Achtung

Nachrichten von Nutzern, die noch nicht mit Ihnen vernetzt sind, oder Nachrichten, die von außen per E-Mail an Ihre Facebook-Mailadresse kommen, landen zunächst im Ordner *Sonstiges*, für den es keine eigenen Benachrichtigungen gibt.

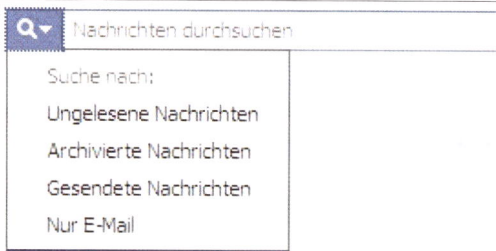

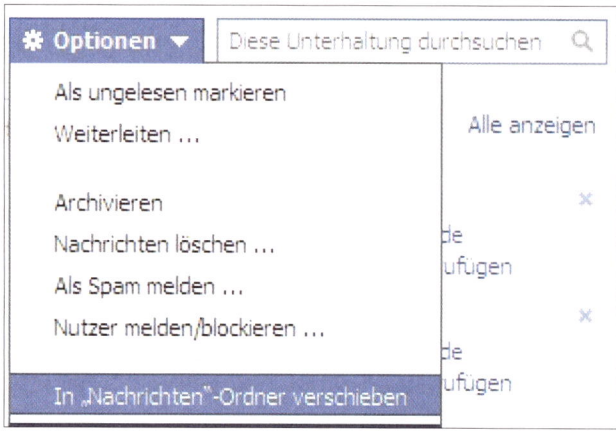

Zur Ordnung in Ihrem Postfach

Zu Ihrem Postfach gelangen Sie jederzeit ganz einfach über den Link *Nachrichten* in der linken Spalte Ihrer Startseite. Dieses Postfach ist in verschiedene Ordner unterteilt, in denen Sie über die *Durchsuchen*-Funktion auch bestimmte Absender oder Nachrichten finden können.

- *Nachrichten*: Hier landen alle Privatnachrichten von Ihren Freunden. Für diesen Ordner gilt die Benachrichtigung über das Sprechblasen-Symbol im blauen Balken oben oder per E-Mail (wenn aktiviert). Nachrichten anderer Absender landen hier nur, wenn Sie dies eigens so definiert haben.

- *Sonstiges*: Hier landen Nachrichten von Absendern, mit denen Sie noch nicht vernetzt sind (falls diese Ihnen überhaupt Nachrichten schicken können, s. Kapitel 3), und auch E-Mails an Ihre Facebook-Mailadresse. Für diesen Ordner gibt es keine eigenen Benachrichtigungen. Sie sollten ihn also regelmäßig durchsehen.

- *Archiv*: Hier landen die Nachrichten, die Sie per Klick auf das Kreuzchen oder die Archivierungs-option hierhin verschoben haben. Der Archiv-Ordner befindet sich links in der Fußleiste des Postfachs.

- *Spam*: Hier landen alle Nachrichten, die Facebook für Spam hält und die Sie aktiv dorthin verschoben haben. Dieser Ordner befindet sich links in der Fußleiste Ihres *Sonstiges*-Ordners.

Sobald Sie eine Nachricht aufgerufen haben, erscheint oben der Button *Optionen*, über den Sie die Nachricht in einen anderen Ordner verschieben, archivieren oder löschen können. Hier können Sie auch den Absender blockieren, so dass er Ihnen künftig keine Nachrichten mehr schicken kann.

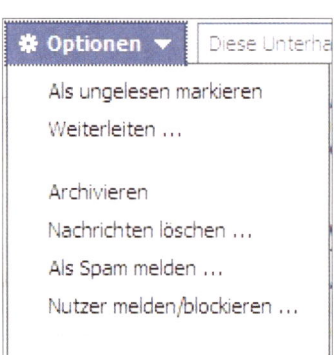

Wähle die Nachrichten aus, die gelöscht werden sollen.

Alle löschen **Markierte löschen** **Abbrechen**

Annette Schwindt   vor 2 Sekunden

so sieht es aus, wenn ich etwas weiterleite 🙂

    Thomas   9. September 2010

    Echt schönes Foto!

Nachrichten löschen, archivieren, weiterleiten und verschieben oder als Spam melden

Privatnachrichten löschen können Sie nur, indem Sie sie aufrufen und dann über den *Optionen*-Button *Nachrichten löschen* wählen. Sie können dann entweder den gesamten Gesprächsverlauf (inkl. Chat etc.) löschen, oder Sie markieren nur einzelne Teile und löschen diese aus dem Gesprächsverlauf. (Dies betrifft allerdings nur Ihren Gesprächsverlauf, nicht den des anderen Teilnehmers!)

Das Kreuzchen hinter einzelnen Nachrichten in der Listen-Ansicht führt wie schon gesagt nicht zum Löschen einer Nachricht, sondern zu deren Archivierung im Archiv-Ordner in der Fußleiste des Postfachs. Nach dem Aufrufen einer Nachricht können Sie diese auch über den Optionen-Button ins Archiv verschieben.

Eine neue Funktion (ebenfalls in den Optionen zu finden) ist das Weiterleiten von Nachrichten. Damit können Sie einzelne oder mehrere Beiträge aus einem Gesprächsverlauf quasi als Zitat an eine Nachricht anhängen.

Je nachdem, in welchem Ordner Sie sich gerade befinden, erhalten Sie auch die Option, Nachrichten in einen der anderen Ordner zu verschieben (z.B. von *Sonstiges* nach *Nachrichten*). Sie können auch eine Nachricht als Spam melden. Damit landet sie zunächst im Spam-Ordner (Fußleiste *Sonstiges*-Ordner) und kann von dort weiter bearbeitet werden (Absender melden, blockieren).

Benachrichtigungen

Sie werden über Neuigkeiten, die Ihre Aktivitäten auf Facebook betreffen, über *Benachrichtigungen* oben links im blauen Balken (*Weltkugel-Symbol*) informiert. Eine neue Benachrichtigung ist an der kleinen roten Zahl bei diesem Symbol zu erkennen. Keine Zahl heißt: Es gibt keine neue Benachrichtigung.

In der Liste, die über das *Weltkugel-Symbol* zu erreichen ist, sind nur die neuesten Benachrichtigungen zu sehen. Diese werden neuerdings auch thematisch zusammengefasst. Alle Benachrichtigungen der letzten Tage erreichen Sie über den Link am Ende dieser Liste oder über *Pfeil → Kontoeinstellungen → Benachrichtigungen*. Von dieser Seite aus können Sie dann auch einstellen, von welchen Anwendungen Sie per Benachrichtigung informiert werden möchten.

Sind Sie während des Eingangs der Benachrichtigung online, wird sie auch unten links in einem kleinen blauen Kästchen eingeblendet.

Zusätzlich zu diesen Facebook-internen Benachrichtigungen erhalten Sie auch welche per E-Mail. Wie Sie diese einstellen können, erfahren Sie auf den folgenden Seiten.

Tipp

Wenn Sie eine Fanseite betreiben (siehe Kapitel 10) können Sie zwischen dem Login als Person und dem als Seite hin- und herwechseln. Sind Sie als Seite unterwegs, werden Ihnen über das Benachrichtigungssymbol nur Benachrichtigungen angezeigt, die die Fanseite betreffen. Sind Sie als Person eingeloggt, zeigt es Benachrichtigungen, die Ihr Profil betreffen.

o° Allgemein
🛡 Sicherheit
💬 **Benachrichtigungen**
📇 Abonnenten
🔡 Anwendungen
📱 Handy
📧 Zahlungen
🔳 Facebook-Werbeanzeigen

Du kannst zudem zu deinen
Privatsphäre-Einstellungen
gehen oder deine Chronik
bearbeiten, um festzulegen, wer
die Informationen dort sehen
kann.

Benachrichtigungseinstellungen

Wir senden Benachrichtigungen, wenn Handlungen auf Facebook durchgeführt werden, die dich betreffen. Du kannst festlegen, welche Anwendungen und Funktionen dir Benachrichtigungen schicken können.

Benachrichtigungen werden an ▓▓▓▓▓▓▓▓ (E-Mail) gesendet.

Aktuelle Benachrichtigungen

Gesendet: Heute

Aktiviere E-Mails für diese Benachrichtigungsart

🔖 Gusepoe   , Simone   und 2 weiteren Personen haben deine öffentlichen Aktualisierungen abonniert.

🔫 Thomas Reis hat dich angestupst.

▨ Thomas Reis hat dir eine Anfrage in My Chess gesendet.   ✉

📷 Althera   , Beate   und Tina   gefällt dein Kommentar: „"Riesenseufz"“

🔖 Daniel   , Torsten   und 21 weiteren Personen haben deine öffentlichen Aktualisierungen abonniert.

Mehr anzeigen (3)

Alle Benachrichtigungen

f **Facebook**	☐ 8	Bearbeiten
📷 **Fotos**	☐ 2	Bearbeiten
👥 **Gruppen**	☐ 4	Bearbeiten
🚩 **Seiten**	☐ 1	Bearbeiten
📅 **Veranstaltungen**	☐ 2	Bearbeiten
📊 **Fragen**		Bearbeiten
☐ **Notizen**	☐ 1	Bearbeiten
🔗 **Links**	☐ 1	Bearbeiten
📹 **Video**	☐ 4	Bearbeiten
📖 **Hilfebereich**	☐ 2	Bearbeiten
💬 **Pinnwandkommentare**		Bearbeiten
f **Andere Aktualisierungen von Facebook**	☐ 4	Bearbeiten
🎁 **Gutschriften**	☐ 2	Bearbeiten
🔡 **Weitere Anwendungen**	☐ 7	Bearbeiten

E-Mail-Benachrichtigungen einstellen

Möchten Sie nicht zusätzlich zu den gerade genannten Benachrichtigungen auch noch per E-Mail über neue private Nachrichten oder sonstige Aktivitäten auf Facebook informiert werden, so können Sie diese wie folgt abstellen: Klicken Sie unter *Pfeil* → *Kontoeinstellungen* → *Benachrichtigungen* einfach auf den dahinter stehenden Briefumschlag.

Sollten Sie Ihre Meinung ändern, können Sie hier natürlich Ihre Einstellung jederzeit wieder rückgängig machen.

Benachrichtigungen, die Sie hier an- oder abstellen können, betreffen:

- *Facebook allgemein* (private Nachrichten, Freundschaftsanfragen, Pinnwand-Beiträge etc.)
- *Fotos* (Markierungen – s. Seite 101, Fotokommentare etc.)
- *Gruppen* (Einladungen, Moderatoren/Administratoren-Ernennung, Antworten in Diskussionen etc.)
- *Seiten* (Benachrichtigungen für Seitenbetreiber etc.)
- *Veranstaltungen* (Einladungen, Änderungen, Administratoren-Ernennung etc.)
- *Notizen* (Markierungen, Kommentare)
- *Fragen*
- *Links* (Kommentare)
- *Video* (Markierungen, Kommentare)
- *Hilfebereich* (Antworten)
- Pinnwandkommentare
- andere Aktualisierungen von Facebook
- Gutschriften
- Anwendungen

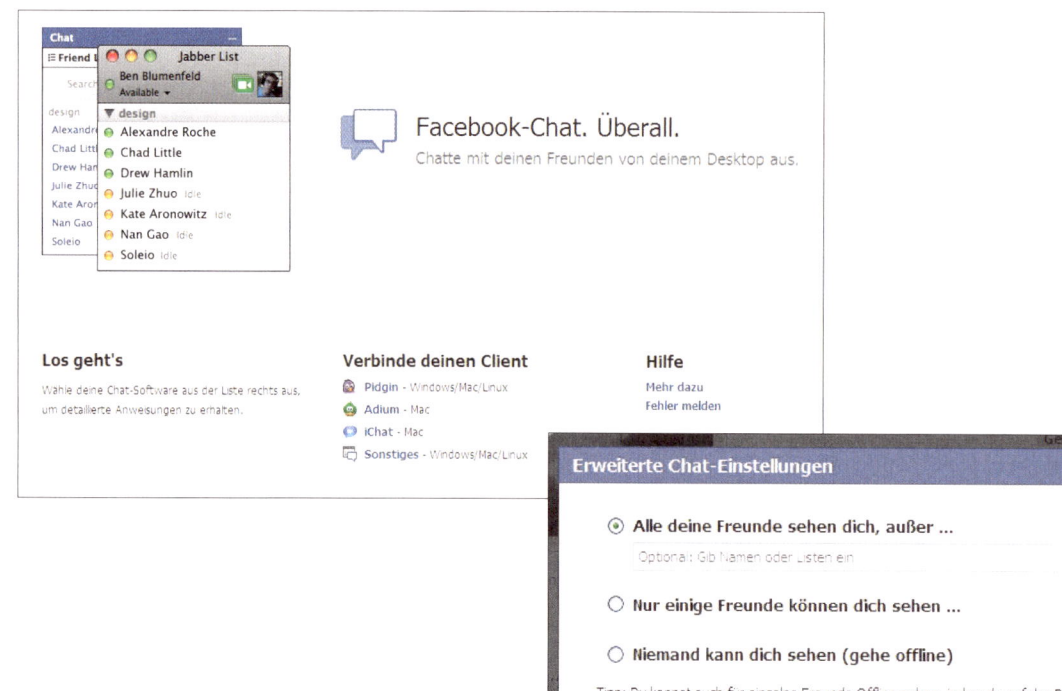

Auf Facebook chatten

Den Facebook-internen Chat finden Sie unten rechts in der Fußleiste Ihres Facebook-Fensters. Dort wird Ihnen gezeigt, ob Sie online (grüner Punkt) oder offline (grauer Punkt) sind. Personen, die mobil online sind, werden mit dem Handysymbol angezeigt.

- Möchten Sie online gehen, klicken Sie – egal von welcher Facebook-Seite aus – einfach auf das Chat-Feld. Befinden Sie sich auf der Startseite, können Sie auch in der linken Sidebar auf *Mit Freunden chatten* → *Online gehen* klicken. (Es kann ggf. ein bisschen dauern, bis Sie dann auch wirklich online sind.)
- Um offline zu gehen, klicken Sie im Chat-Fenster oben rechts auf *Zahnrad* → *Optionen* → *Offline gehen*.

Für die Chat-Nutzung empfiehlt es sich, Freundeslisten (s. Kapitel 4) eingerichtet zu haben. Denn sonst wird der Chat schnell unübersichtlich.

Unter *Zahnrad* → *erweiterte Einstellungen* können Sie sich aussuchen, für wen von Ihren Freunden oder Listen Sie als im Chat online angezeigt werden wollen. Dabei haben Sie folgende Optionen:

- *Alle deine Freunde können dich online sehen, außer...* – um generell als im Chat online angezeigt zu werden, aber davon bestimmte Freunde oder Listen auszuschließen (einfach Namen eingeben)
- *Nur einige Freunde können dich sehen...* – um gezielt anzugeben, für welche Freunde oder Listen Sie als im Chat online angezeigt werden wollen.
- *Niemand kann dich sehen (gehe offline)*

Eine Anleitung zum Verwenden von Facebook-Chat auf Ihrem Desktop finden Sie unter *http://www.facebook.com/help/?page=713*.

 ## Videoanrufe

Sprich mit deinen Freunden von Angesicht zu Angesicht.

Jetzt loslegen

Gestalte deine Unterhaltungen lebhaft

Manchmal sind Emoticons einfach nicht genug. Mit Videoanrufen kannst du deine Freunde lachen sehen.

Um mehr über Videoanrufe zu erfahren, besuche den Hilfebereich.

 -

Rufe deine Freunde direkt über Facebook an

Klicke einfach oben im Profil deines Freundes oder im Chat-Fenster auf „Anrufen". Du musst dazu keine neue Software aufrufen. Keine Antwort? Hinterlasse eine Videonachricht.

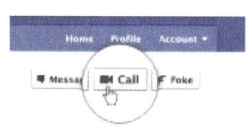 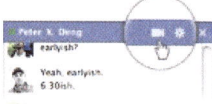

Videochatten

Nachdem es bereits einige Drittanwendungen zum Videochatten gegeben hatte, hat Facebook Anfang Juli 2011 sein eigenes Videocalling in Zusammenarbeit mit dem Videochat-Anbieter Skype präsentiert. Damit kann man jetzt ganz einfach direkt im Facebook-Chat auf Videochat umschalten. Alles, was dazu nötig ist, ist die einmalige Installation eines Plugins in Ihrem Browser (und natürlich eine Webcam und Mikro/Lautsprecher).

Über *https://www.facebook.com/videocalling* kann man sich das Plugin holen und den Videochat direkt mit einem Freund – sofern der im Chat online ist – ausprobieren. Sollte der das Plugin noch nicht haben, wird er bei Anruf zum Download aufgefordert. Ein Skype-Konto ist nicht erforderlich.

Zusätzlich zum Button *Nachricht senden* findet man danach auch einen *Anrufen*-Button im Profil seiner Freunde – sofern die im Chat für einen online sind. Es ist möglich, während des Videochats den Textchat nebenher zu nutzen, auch mit derselben Person. Eine Bildschirmübertragung oder Konferenz mit mehreren Personen wie beim eigentlichen Skype gibt es bislang nicht.

Gruppen

Teile Inhalte mit einer kleinen Gruppe von Freunden, chatte mit ihnen und schicke ihnen E-Mails.

Wie wirst du Gruppen verwenden?

- Teile Babyfotos mit deinen Familienmitgliedern
- Erstelle Dokumente für eine Klassenarbeit und teile sie mit der Gruppe
- Chatte mit allen Mitgliedern deiner Band auf einmal

Gruppe gründen

 Als Gruppe chatten

Unterhalte dich mit Gruppenmitgliedern in Echtzeit oder lies dir die Unterhaltung zu einem späteren Zeitpunkt durch.

 Per E-Mail verbinden

Versende und erhalte Aktualisierungen mithilfe der E-Mail-Adresse der Gruppe, genau wie bei einer Verteilerliste.

 Lege fest, wer was sehen darf

Du hast die Kontrolle über die Privatsphäre-Einstellungen deiner Gruppe. Nur Mitglieder können Freunde zu der Gruppe hinzufügen.

Weitere Informationen findest du in den häufig gestellten Fragen zu Gruppen.

KAPITEL 9 | Gruppen

Für den privaten Meinungsaustausch zu bestimmten Themen kann jeder Facebook-Nutzer eine sogenannte Gruppe gründen. Solche Gruppen kann man sich wie Foren vorstellen, in denen Menschen mit gleichen Interessen bestimmte Themen diskutieren.

Um in einer Gruppe mitdiskutieren zu können, müssen Sie Mitglied dieser Gruppe werden (mehr dazu gleich). Die Interaktion funktioniert dann genau wie in Profilen. Gruppenmitglieder können vom Gruppengründer (der automatisch auch Administratorenrechte hat) zu Moderatoren oder Administratoren ernannt werden (mehr dazu gleich).

Achtung

Die Anordnung von Beiträgen auf der Pinnwand von Gruppen ist nicht rückwärts chronologisch. Vielmehr rutschen neue bzw. neu kommentierte Beiträge jeweils wieder nach oben. Dies kann für den ungeübten Nutzer verwirrend werden. Deshalb kann man bestimmte Beiträge innerhalb der Gruppe abonnieren oder abbestellen.

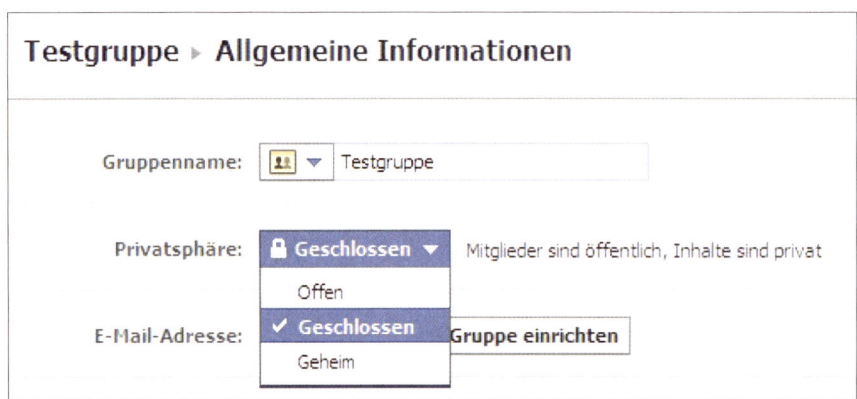

Gruppen für alle, für manche oder nur für Auserwählte

Gruppe ist auf Facebook nicht gleich Gruppe. Je nach Einstellungen gibt es folgende *Privatsphäre*-Einstellungen für Gruppen:

- *Offene Gruppen*: Mitglieder und Inhalte sind öffentlich.
- *Geschlossene Gruppen (Standardeinstellung)*: Mitglieder sind öffentlich, Inhalte sind privat.
- *Geheime Gruppen*: Mitglieder und Inhalte sind privat.

Tipp

Die *Zugangsstufen* für Gruppen können von den Gruppenadministratoren auch nachträglich noch über *Zahnrad → Gruppe bearbeiten → Privatsphäre* verändert werden. Das geht allerdings nur bei Gruppen unter 250 Mitgliedern.

 Annette Schwindt hat Thomas ████ zu der Gruppe hinzugefügt.

🔲 vor 2 Minuten · Gefällt mir · Kommentieren · Abbestellen

Mitglied in Gruppen werden und loslegen

Zu Gruppen wird man von Freunden hinzugefügt und muss dann entscheiden, ob man dabei bleiben möchte oder nicht. Bei offenen oder geschlossenen Gruppen können Sie außerdem den Beitritt beantragen. Ein Administrator muss dies dann freischalten.

Sobald Sie Mitglied sind, haben Sie die Möglichkeit, in der Gruppe zu posten oder zu kommentieren. Personen, die Mitglied derselben Gruppe wie Sie sind (einschließlich der Gründer und Administratoren), haben durch Ihren Beitritt nicht mehr Einsicht in Ihr Profil als vorher, da Mitglied-Werden eine einseitige Vernetzung darstellt.

Tipp

Wenn Sie zu einer Gruppe hinzugefügt wurden, sollten Sie sie möglichst bald besuchen und über *Benachrichtigungen → Einstellungen bearbeiten* die E-Mail-Benachrichtigung abstellen. Sie bekommen sonst zu jeder Aktivität in der Gruppe eine eigene E-Mail.

Eine Gruppe wieder verlassen

Wenn Sie nicht mehr Mitglied einer Gruppe sein wollen, brauchen Sie nur zur Gruppe zu gehen und dann *Zahnrad → Gruppe verlassen* anzuklicken. Ihre Beiträge werden dadurch allerdings nicht gelöscht!

Verlassen Sie als Moderator oder Administrator eine Gruppe, werden Sie vor dem endgültigen Löschen noch einmal darauf hingewiesen. Und auch wenn dort steht, dass Sie „dieses Privileg" nicht zurücker-langen könnten, so kann ein anderer Administrator Sie doch wieder ernennen, sobald Sie erneut Mit-glied werden.

Achtung

Sollten Sie als Gruppengründer einziger Administrator sein und die Gruppe verlassen wollen, sollten Sie jemand anderen zum Administrator ernennen, damit die Gruppe nicht ohne Verwaltung dasteht! Eine Gruppe ohne Administratoren, die noch Mitglieder hat, wird nicht gelöscht!

Eine eigene Gruppe gründen

Möchten Sie selbst ein Forum für die Diskussion über ein bestimmtes Thema schaffen, können Sie eine eigene Gruppe gründen. Nutzen Sie dazu den Link *Gruppe gründen* in der linken Spalte auf der Startseite.

Dort müssen Sie folgende Informationen angeben:

- Gruppenname (Er kann nachträglich über *Gruppe bearbeiten* geändert werden.)
- Mitglieder (Hier können Sie Ihre Facebook-Freunde durch Eintragen ihrer Namen hinzufügen.)
- Privatsphäre (siehe Seite 177)

Achtung

Gruppen sind als private Foren gedacht, in denen Privatpersonen miteinander Informationen austauschen und diskutieren. Der Gruppengründer und die Administratoren werden namentlich in der Gruppe aufgelistet, und ihre Beiträge erscheinen immer mit dem Absender des jeweiligen privaten Profils. Gruppen sind nicht dazu gedacht, Unternehmen, Künstler oder Produkte zu repräsentieren (dafür gibt es die Facebook-Seiten, s. Kapitel 10).

Gruppenname: [icon] ▼ Testgruppe

Privatsphäre: ○ 🌐 **Offen**
Jeder kann die Gruppe, ihre Mitglieder und ihre Inhalte sehen.

○ 🔒 **Geschlossen**
Jeder kann die Gruppe und ihre Mitglieder sehen. Nur Mitglieder können die Beiträge sehen.

⦿ 🔒 **Geheim**
Nur Mitglieder sehen die Gruppe, ihre Mitglieder und die Beiträge der Mitglieder.

Bestätigung von Mitgliedern:
○ Jedes Mitglied kann Mitglieder hinzufügen oder bestätigen.
⦿ Jedes Mitglied kann Mitglieder hinzufügen, aber Administratoren müssen sie bestätigen.

E-Mail-Adresse: **E-Mail-Adresse für Gruppe einrichten**

Beschreibung:
Hier teste ich die Gruppen-Funktionen von Facebook

Potenzielle Mitglieder können die Beschreibung sehen, wenn „offen" oder „geschlossen" für die Privatsphäre ausgewählt wurde.

Erlaubnis zum Posten von Inhalten:
⦿ Nur Mitglieder können in dieser Gruppe Beiträge posten.
○ Nur Administratoren können etwas in der Gruppe posten.

Speichern

Ihre Gruppe mit Leben füllen

Sobald Sie eine Gruppe gegründet haben, sollten Sie eine Beschreibung der Gruppe über *Zahnrad →
Gruppe bearbeiten* hinzufügen. Sie können auch Titelbild für die Gruppe hochladen. Sie können in
Gruppen einzelne Fotos oder Videos hochladen oder auch Fotoalben anlegen.

Als Nächstes sollten Sie ein Begrüßungs-Posting auf die Pinnwand stellen, das die anderen Mitglieder
dazu anregt, das Gespräch miteinander aufzunehmen.

Achtung

Zu Gruppen können keine Anwendungen hinzugefügt werden! Dafür haben Sie die Option,
Dokumente an die Gruppe anzuhängen oder bei Gruppen bis zu 250 Mitgliedern sich
miteinander im Gruppenchat auszutauschen.

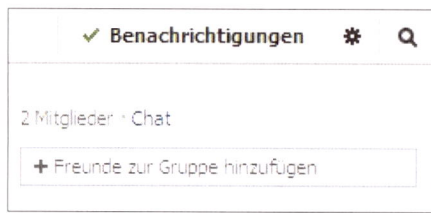

Andere zu Gruppen hinzufügen

Egal ob es Ihre eigene Gruppe oder nur eine Gruppe ist, in der Sie Mitglied sind: Sie können Ihre Freunde als Mitglied hinzufügen. (Bei geheimen Gruppen sollte man das aber mit einem Admin absprechen.)

Dafür gibt es den Link *Freunde zur Gruppe hinzufügen* in der rechten Spalte. Wenn Sie diesen Link anklicken, öffnet sich ein Eingabefeld, in das Sie die Namen der Freunde eintragen können, die Sie hinzufügen möchten. Daraufhin öffnet sich ein Dropdown-Menü, aus dem Sie die passenden Freunde auswählen können.

Tipp

Fügen Sie andere nicht ungefragt zu einer Gruppe hinzu, da diese sonst ungewollt mit Benachrichtigungen überschwemmt werden könnten. Schicken Sie lieber zuerst eine Privatnachricht und fragen Sie nach, ob es für den anderen okay wäre.

All Members (2) ▼ | Ein Mitglied finden   🔍

Annette Schwindt
Beraterin und Bloggerin bei
Schwindt-pr
Beigetreten vor etwa 3
Monaten
Admin entfernen   ✕

**Alexander
Schestag**
Inhaber/Geschäftsführer
bei DeinWeb - Ein Web
für alle!
Von Annette Schwindt
vor etwa 3 Monaten
hinzugefügt
Zum Administrator
ernennen   ✕

Gruppenmitglieder zu Administratoren machen

Als Gruppengründer können Sie sich Verstärkung für die Betreuung Ihrer Gruppe holen, indem Sie bestimmte Gruppenmitglieder zu Administratoren ernennen.

Gruppengründer und Administratoren können andere Gruppenmitglieder über *[Anzahl] Mitglieder* oben rechts zu Administratoren ernennen und auch wieder als solche löschen.

Administratoren haben dieselben Zugriffsrechte auf die Verwaltung der Gruppe wie der Gründer, d.h., sie können die Gruppe bearbeiten, Nachrichten an alle Gruppenmitglieder verschicken, andere Administratoren ernennen und löschen sowie Mitglieder löschen.

Gruppenmitglieder entfernen oder dauerhaft ausschließen

Wie überall im menschlichen Zusammenleben kann es auch online zu Konflikten kommen. Diskussionen können eskalieren, und wenn eine vernünftige Kommunikation mit einem bestimmten Mitglied nicht mehr möglich ist, bleibt manchmal nur noch die Option, denjenigen der Gruppe zu verweisen. Dazu haben Gruppenadministratoren unter *[Anzahl] Mitglieder* oben rechts folgende Möglichkeiten:

- Entfernen: Per Klick auf das Kreuzchen hinter dem Namen können Sie eine Person als Gruppenmitglied entfernen. Sie kann aber jederzeit wieder zur Gruppe hinzugefügt werden.
- Dauerhaft ausschließen: Möchten Sie verhindern, dass die zu entfernende Person wieder als Mitglied zu Ihrer Gruppe hinzugefügt werden kann, so sollten Sie vor dem Entfernen noch ein Häkchen bei *Dauerhaft ausschließen* setzen.

Tipp

Personen, die Sie dauerhaft ausgeschlossen haben, werden unter *[Anzahl] Mitglieder → All Members (Pfeil) → Blockiert* aufgelistet. Dort können Sie den Bann auch wieder aufheben und die Person erneut einladen.

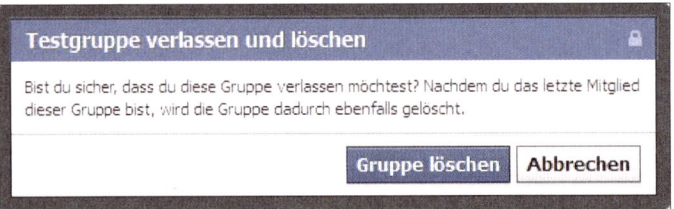

Gruppen löschen

Gruppen können nur vom Gruppengründer gelöscht werden, es sei denn, dieser hat sich selbst bereits gelöscht und die Verwaltung der Gruppe anderen überlassen.

Um eine Gruppe zu löschen, müssen zunächst alle Mitglieder außer dem Gruppengründer gelöscht werden. Zum Schluss muss der Gruppengründer die Gruppe selbst verlassen, was dann zur automatischen Löschung der Gruppe führt.

Tipp

Da das automatische Löschen von Gruppen meist noch ein paar Tage dauert, während der theoretisch jemand anders Mitglied werden und so die Löschung verhindern könnte, empfiehlt es sich, die Gruppe vor dem Verlassen durch den Gründer auf *geheim* zu setzen.

O'Reilly Verlag

2.028 „Gefällt mir"-Angaben · +2 sprechen darüber

Medien/Nachrichten/Verlagswesen
Hier schreiben Corina Pahrmann & das O'Reilly-Team! Ein ausführliches Impressum finden Sie unter: http://www.oreilly.de/oreilly/contact.html

Info

Fotos · oreillyblog · „Gefällt mir"-Angaben

2.028

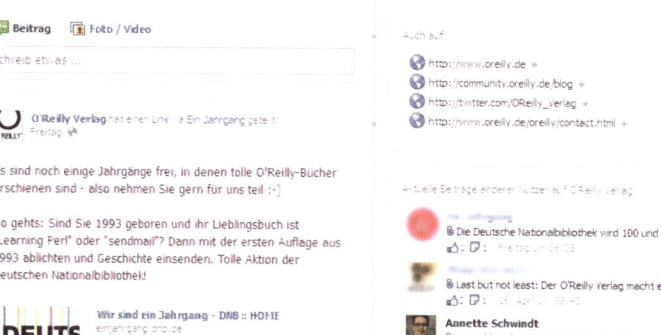

Beitrag · Foto / Video

Schreib etwas ...

Auch auf

- http://www.oreilly.de ·
- http://community.oreilly.de/blog ·
- http://twitter.com/OReilly_verlag ·
- http://www.oreilly.de/oreilly/contact.html ·

O'Reilly Verlag hat einen Link „Ein Jahrgang" geteilt.
Freitag

Es sind noch einige Jahrgänge frei, in denen tolle O'Reilly-Bücher erschienen sind - also nehmen Sie gern für uns teil :-)

So gehts: Sind Sie 1993 geboren und ihr Lieblingsbuch ist "Learning Perl" oder "sendmail"? Dann mit der ersten Auflage aus 1993 ablichten und Geschichte einsenden. Tolle Aktion der Deutschen Nationalbibliothek!

Wir sind ein Jahrgang - DNB :: HOME
einjahrgang.dnb.de

Schicken Sie uns ein Foto, auf dem Sie mit einem Buch, einem Musiktitel oder einer anderen Veröffentlichung aus Ihrem Geburtsjahrgang zu sehen sind.

Aktuelle Beiträge anderer Nutzer auf O'Reilly Verlag   Alle anzeigen

- Die Deutsche Nationalbibliothek wird 100 und uns fehlen n...
  Freitag um 06:05

- Last but not least: Der O'Reilly Verlag macht euch zu Profi...
  26. April um 08:40

Annette Schwindt
- Vermeide: alle Updates zum Google+ Buch abgeliefert. De...
  26. April um 06:56

- Die Geheimnisse eures Körpers verrät euch heute der O'R...
  26. April um 05:00

KAPITEL 10 | Seiten

Als offizielle und öffentliche Präsenz auf der Facebook-Plattform gibt es die Möglichkeit, sogenannte Offizielle Seiten (auch als Seiten oder Fanseiten bekannt) zu erstellen. Diese sind gedacht für:

- Unternehmen
- tatsächliche Personen der Öffentlichkeit
- Künstler oder Bands
- Marken
- Organisationen
- Institutionen

Facebook-Seiten dürfen daher auch nur von einem offiziellen Vertreter dieser Person, Marke etc. erstellt werden.

Seiten bestehen wie Profile aus einer Chronik und weiteren Reitern, wobei sie auch durch Anwendungen erweitert werden können. Facebook-Nutzer können Fans von Seiten werden, indem sie dort den „Gefällt mir"-Button oben auf der Seite anklicken.

Neben solchen „Offiziellen Seiten" gibt es auch sogenannte „Gemeinschaftsseiten" und Ortsseiten (mehr dazu später).

In diesem Kapitel zeige ich Ihnen, wie man Seiten benutzt und wie man selbst welche erstellt und verwaltet.

Tipp

Durch das Chronik-Layout ist es möglich, auf seiner Seite nicht nur aktuelle Ereignisse, sondern die ganze Geschichte seines Unternehmens, seiner Band oder Organisation etc. darzustellen (mehr dazu später).

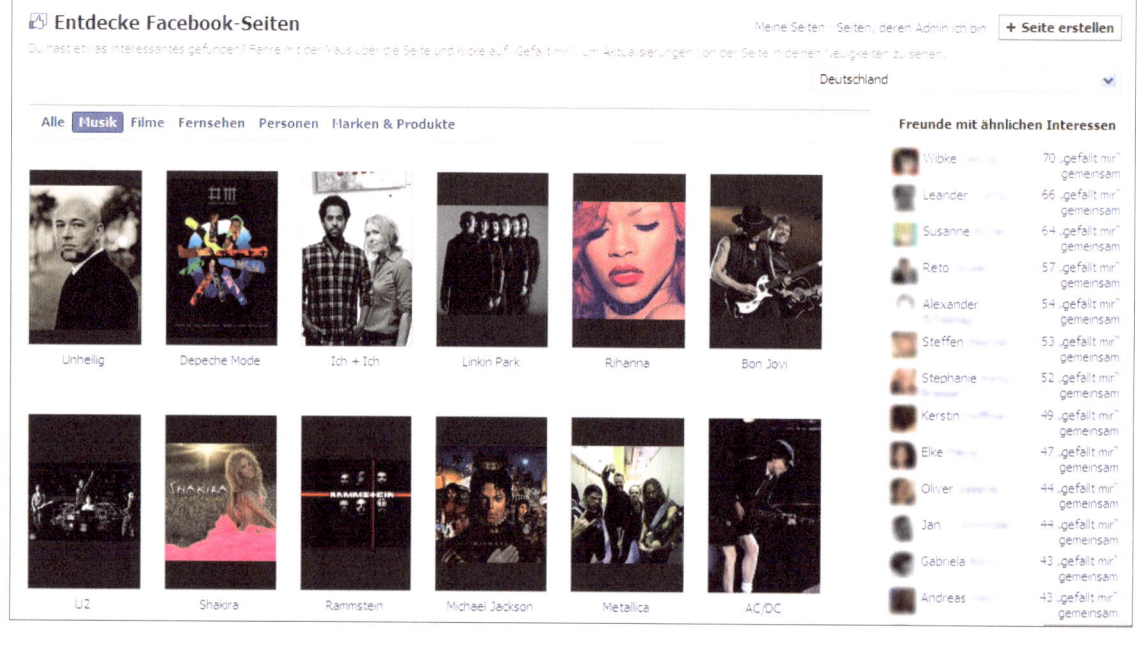

Wie finde ich interessante Seiten?

Um für Sie interessante Seiten zu finden, können Sie entweder die Stichwort-Suche oben im blauen Balken nutzen, schauen, von welchen Seiten Ihre Freunde Fan sind, oder Sie gehen direkt zu *http:// www.facebook.com/pages/* und stöbern von dort aus weiter durch folgende Seiten-Arten:

- Alle
- Musik
- Personen
- Marken & Produkte
- Unternehmen & Organisationen

In diesem Facebook Page Browser werden Ihnen auf Basis von Seiten, von denen Sie und Ihre Freunde bereits Fan sind, weitere Seiten vorgeschlagen.

Außerdem werden Sie immer wieder von Freunden eingeladen werden, sich mit einer Seite zu vernetzen. Solche Einladungen können Sie annehmen, Sie müssen es aber nicht. Der Einladende wird darüber nicht eigens informiert. Sie können gegebenenfalls auch im Profil Ihrer Freunde unter *Info* sehen, mit welchen Seiten sie sich vernetzt haben.

Wie vernetze ich mich mit einer Seite, und was heißt das?

Haben Sie eine Seite gefunden, die Sie interessiert, brauchen Sie nur oben auf den Button *Gefällt mir* zu klicken, um Fan zu werden. Was genau Sie auf einer Seite tun dürfen, bestimmt der Seitenbetreiber (mehr dazu später). Beiträge kommentieren und verlinken können Sie aber immer. Darüber hinaus hat das Fan-werden folgende Konsequenzen:

- Sie werden unter *X Personen gefällt das* auf der Seite gelistet und Ihre Freunde können sehen, dass Sie Fan dieser Seite sind.
- Das Vernetzen mit einer Seite ist einseitig! Der Seitenbetreiber sowie andere Personen, denen die Seite gefällt, erhalten keine weitere Einsicht in Ihr Profil als die, die ihr Status (Freund oder nicht) ihnen sonst auch erlaubt hätte. Sie werden nur über die Benachrichtigungen für Seiten darüber informiert, dass Sie Fan geworden sind.
- Da Seiten öffentlich sind, sind Ihre Postings und Kommentare auf der Seite ebenfalls öffentlich! Damit sehen alle Ihre Freunde Meldungen zu Ihren Aktivitäten auf dieser Seite in ihrem Liveticker (es sei denn, sie haben die betreffende Meldungsart vor Ihnen verborgen)
- Die Seite wird in Ihrem Profil im *Info-Bereich* gelistet. Die Sichtbarkeit dieser Liste kann über das Sichtbarkeitsicon im betreffenden Bereich Ihres Profils, das Sie unter *Bearbeiten* aufrufen können, genau definiert werden.
- Kopien der Seitenbeiträge können in Ihrem Newsfeed auf Ihrer Startseite erscheinen. (Mehr dazu auf den beiden folgenden Seiten.)
- Wenn Sie die Seite einer Interessenliste oder Freundesliste zugeordnet haben, sehen Sie die Postings der Seite im dazugehörigen Listenfeed.

Listen
Erstellt

Kommunikation 🔗

und 52 weitere Personen findest du auf der Liste

2 Abonnenten

Bücher 🔗

und 49 weitere Personen findest du auf

der Liste

1 Abonnent

Facebookseiten 🔗

Music on Facebook, Facebook Data Team und 22 weitere Personen findest du auf der Liste

103 Abonnenten, einschließlich 5 Freunde

Mehr ▾

Beiträge von Fanseiten in meinem Newsfeed sehen (Edge Rank)

Nicht jeder Beitrag von Fanseiten, mit denen Sie sich vernetzt haben, landet auch als Kopie in einem der beiden Standard-Newsfeeds (*Neueste Meldungen* oder gar *Hauptmeldungen*) auf Ihrer Startseite. Dazu müssen folgende Voraussetzungen erfüllt sein:

- Sie interagieren oft mit dieser Seite (Affinität).
- Die Seite bekommt generell viel Interaktion und hat idealerweise einen Anhang (Gewicht).
- Der Beitrag ist möglichst neu (Zeitfaktor).

Diese Faktoren bestimmen den sogenannten Edge Rank, nach dem Facebook die „Beliebtheit" von Beiträgen und Seiten in Bezug auf einen bestimmten Nutzer berechnet. Je besser dieser Edge Rank ist, umso eher erscheint der Beitrag einer Seite in Ihrem Newsfeed. Dieser Wert ändert sich ständig und ist von Nutzer zu Nutzer verschieden.

Tipp

Um keinen Beitrag einer Seite zu verpassen, sollten Sie die betreffenden Fanseiten über das Zahnrad auf der jeweiligen Seite einer Interessenliste zuordnen (siehe Kapitel 4). Diese können Sie dann auf der Startseite über die linke Spalte gezielt aufrufen und als eigenen Feed lesen. Ihre Interessenlisten finden Sie in Ihrem Profil über den Abonnements-Reiter wieder (siehe Abbildung links).

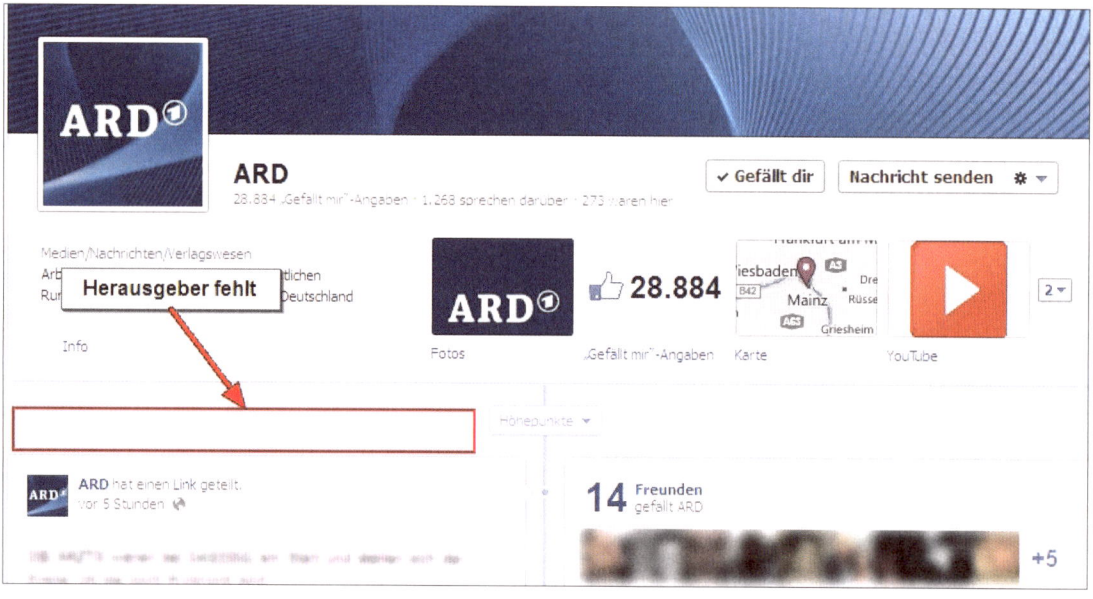

Was kann ein Fan auf Seiten tun?

Seit Mitte September 2011 kann jeder Facebooknutzer auf Seiten aktiv werden, auch wenn er nicht deren Fan ist. Liken und kommentieren kann man in jedem Fall. Um eine Seite einer Interessenliste hinzuzufügen, muss man auch nicht Fan werden. Was man darüber hinaus noch tun darf, muss vom Seitenbetreiber bzw. den Administratoren eingestellt werden (mehr dazu gleich) Diese Einstellung gilt dann für alle. Wenn der Seitenbetreiber alles freigibt, können Sie nicht nur kommentieren, sondern auch selbst Texte, Links, Fotos und Videos posten.

Wenn Sie nur kommentieren dürfen, erkennen Sie das daran, dass der Herausgeber fehlt (siehe Abbildung links).

Da *Offizielle Seiten* von Facebook als offizielle Präsenz eines Unternehmens, Künstlers etc. gedacht sind, dienen sie sowohl zur Information der Personen, denen diese Seiten gefallen, als auch zu deren Kommunikation mit dem Seitenbetreiber bzw. untereinander. Diese Kommunikation ist öffentlich! Das bedeutet auch, dass Beiträge, die Sie auf Seiten veröffentlichen, in Suchmaschinen gelistet werden.

Sie können nicht sehen, ob die Seite von einem persönlichen oder einem Unternehmenskonto aus erstellt wurde. Seitenadministratoren können, müssen sich aber nicht als Person zu erkennen geben (mehr dazu gleich). Sie können sie daher möglicherweise nur über einen Kommentar bzw. ein Pinnwandposting direkt ansprechen oder über diejenigen Kontaktmöglichkeiten außerhalb von Facebook erreichen, die auf der Fanseite im *Info*-Bereich genannt werden.

Tipp

Gewerblich genutzte Facebookseiten unterliegen der Impressumspflicht. Über dieses Impressum sollte also in jedem Fall eine Kontaktmöglichkeit gegeben sein. Außerdem haben Seiten seit der Umstellung auf das Chronik-Layout auch die Möglichkeit, den Erhalt von Nachrichten freizuschalten. Wenn diese Funktion freigeschaltet ist, erkennen Sie das am Nachrichten-Button rechts im Kopfbereich der Seite.

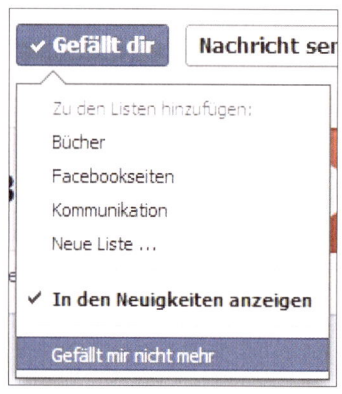

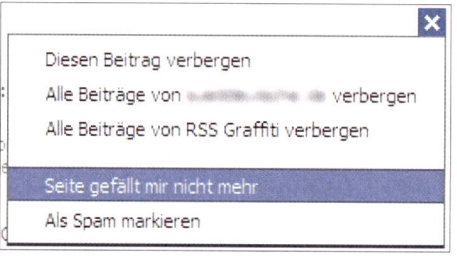

Was tun, wenn ich nicht mehr Fan einer Seite sein möchte?

Sie können die Vernetzung mit einer Seite jederzeit wieder entfernen. Dazu brauchen Sie nur die Seite zu besuchen und den *Gefällt mir*-Button oben erneut anzuklicken. Im Dropdownmenü erscheint dann unten der Link *Gefällt mir nicht mehr*. Oder Sie klicken bei einem Beitrag der entsprechenden Seite in Ihrem Newsfeed auf das Kreuzchen dahinter und *Seite gefällt mir nicht mehr*. Daraus folgt dann:

- Sie werden aus der Liste der Fans gelöscht. Der Seitenbetreiber bzw. die Admins werden darüber nicht informiert, sondern sehen nur, dass die Anzahl der Personen, denen diese Seite gefällt, abgenommen hat.
- Ihre Kommentare und Beiträge auf der Seite bleiben erhalten.
- Die Seite taucht in Ihrem Profil nicht mehr in der Liste im *Info*-Reiter auf.
- Sie sehen keine Seitenupdates mehr auf der Startseite.

Sollten Sie die Seite einer Interessenliste hinzugefügt haben, bleibt dies bestehen, bis Sie sie auch von dort entfernen.

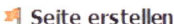 **Seite erstellen**

Verbinde dich mit deinen Fans auf Facebook.

Lokales Unternehmen oder Ort

Unternehmen, Organisation oder Institution

Marke oder Produkt

Künstler, Band oder öffentliche Person

Unterhaltung

Guter Zweck oder Thema

Selbst eine Seite erstellen

Wenn Sie selbst eine Seite erstellen möchten, sollten Sie zunächst sicherstellen, dass die zu Anfang dieses Kapitels genannten Kriterien dafür erfüllt sind.

Dann stellt sich die Frage, ob Sie bereits ein persönliches Konto haben oder nicht. Denn für Unternehmen, Bands etc. besteht auch die Möglichkeit, eine Seite zunächst ohne persönliches Konto über ein sogenanntes Unternehmenskonto zu erstellen. Das geht allerdings nur, wenn der offizielle Vertreter, der die Seite erstellt, nicht bereits ein persönliches Konto hat. Wenn er schon eins hat, untersagt Facebook das zusätzliche Erstellen eines weiteren Kontos.

Seiten können unter *http://www.facebook.com/pages/create.php* erstellt werden. Ist man bereits eingeloggt, erfolgt die Seitenerstellung automatisch von dem Konto aus, in das man gerade eingeloggt ist! Möchten Sie das nicht, sollten Sie sich zuerst ausloggen.

Beim Erstellen von Seiten haben Sie dann verschiedene Kategorien und Unterkategorien zur Auswahl (mehr dazu gleich). Sie können die Kategorie der Seite später auch wieder ändern.

Achtung

Unternehmenskonten sind in ihrer Funktionalität gegenüber persönlichen Konten sehr stark eingeschränkt. Mehr zu der Frage, ob die Seite von einem persönlichen oder Unternehmenskonto aus erstellt werden sollte, erfahren Sie auf den folgenden Seiten.

Registrieren

Facebook ist und bleibt kostenlos.

Persön-liches Konto

Vorname:

Nachname:

Deine Email-Adresse:

E-Mail nochmals eingeben:

Neues Passwort:

Ich bin: Geschlecht auswählen:

Geburtstag: Tag: Monat: Jahr:

Warum muss ich meinen Geburtstag angeben?

Wenn du auf „Registrieren" klickst, akzeptierst du unsere Nutzungsbedingungen und erklärst unsere Datenverwendungsrichtlinien gelesen und verstanden zu haben.

Registrieren

Unter-nehmens-konto

Erstelle eine Seite für eine Berühmtheit, eine Band oder ein Unternehmen.

Seite von einem persönlichen Konto oder Unternehmenskonto aus erstellen?

Wie schon erwähnt, untersagen die Facebook-Richtlinien das Erstellen mehrerer Konten für ein und dieselbe Person. Haben Sie also bereits ein persönliches Konto und sind Sie der verantwortliche offizielle Repräsentant dessen, wofür die Seite erstellt werden soll, dann sollten Sie Ihre Seite von Ihrem persönlichen Konto aus erstellen. Damit ersparen Sie sich auch die Funktionseinschränkungen, denen Unternehmenskonten unterworfen sind.

Von einem Unternehmenskonto aus kann man nicht:

- Anwendungen auf der Seite installieren und nutzen (was die Seite erst interessant macht)
- Freunde zur Seite einladen (weil man kein Profil hat und damit keine Freunde haben kann)
- sich mit anderen Seiten vernetzen
- einen Alias (*vanity url* oder *username* genannt) für die Seite einrichten
- in Facebook-Suchergebnissen gelistet werden

Von einem Unternehmenskonto allein lässt sich eine Seite daher nicht vernünftig gestalten. Dazu braucht man zusätzliche Administratoren, die ein persönliches Konto haben. Eine Seite von einem Unternehmenskonto aus zu erstellen, ist zwar möglich, aber nur dann sinnvoll, wenn die Existenz der Seite von einer bestimmten Person unabhängig sein soll. Wenn dies nicht der Fall ist, erstellen Sie die Seite lieber gleich von Ihrem persönlichen Konto aus, bzw. registrieren Sie ein persönliches Konto über das Formular auf *www.facebook.com*, und erstellen Sie dann die Seite.

Die Verbindung zwischen dem persönlichen Profil des Erstellers und der Seite ist für andere nicht ersichtlich. Es sei denn, Sie machen sich als Administrator absichtlich sichtbar (mehr dazu gleich). Außerdem kann die Administration der Seite jederzeit an andere Administratoren weitergegeben werden.

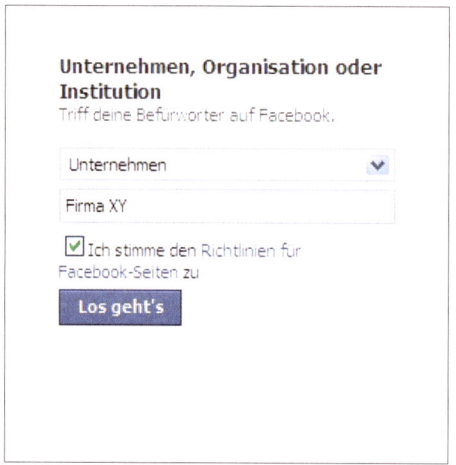

Was sollte ich beim Erstellen einer Seite beachten?

Seiten können Sie unter *http://www.facebook.com/pages/create.php* erstellen. Dieser Link führt Sie zu einer Übersicht, über die Sie zunächst den Oberbegriff auswählen, unter den diese Seite eingeordnet werden soll:

- Lokales Unternehmen oder Ort.
- Marke oder Produkt.
- Unterhaltung.
- Unternehmen, Organisation oder Institution
- Künstler, Band oder öffentliche Person
- Guter Zweck oder Thema

Für diese Oberbegriffe gibt es dann wiederum zahlreiche Unterkategorien. Sollten Sie später die Kategorie noch einmal ändern wollen, so geht das über *Administrationsbereich → Verwalten → Seite bearbeiten → Allgemeine Informationen*.

Außerdem müssen Sie einen Namen für die Seite vergeben (dieser lässt sich nur bis 100 Fans ändern!) und entscheiden, ob die Seite sofort öffentlich oder zunächst nur für Sie sichtbar sein soll (was sinnvoll ist, wenn man sie noch nicht weiter gestaltet hat). Mit dem Klick auf *Seite erstellen* erklären Sie, dass Sie als offizieller Repräsentant die Berechtigung haben, diese Seite zu erstellen.

Achtung

Seitennamen dürfen nicht aus Großbuchstaben bestehen, Sonderzeichen, Ausrufezeichen oder Slogans enthalten, sondern nur den Namen dessen, was sie repräsentieren. Gegebenenfalls kann noch der Ort ergänzt werden (Firma XY, München). Mehr dazu erfahren Sie unter *http://www.facebook.com/page_guidelines.php*.

Die eigene Seite gestalten

Haben Sie die Seite einmal erstellt, werden Sie zur noch leeren Seite weitergeleitet. Wenn Sie diese verlassen, finden Sie Ihre Seite zukünftig am einfachsten über die Suche oder *Seiten* in der linken Spalte der Startseite wieder. Es empfiehlt sich den Link zur Seite als Favorit auf Ihrer Startseite abzulegen, um künftig schneller zur Seite zu gelangen (siehe Kapitel 6).

Ihre Seite beinhaltet eine *Chronik* und eine *Info*-Unterseite (Unterseiten werden von Facebook *Reiter* oder englisch *Tabs* genannt) sowie den Platzhalter für ein Profilbild (160 x 160 Pixel) und Platz für ein Titelbild (850 x 315 Pixel). Titelbilder dürfen keine Werbung enthalten, mehr dazu unter *http://tinyurl.com/8282egg*. Diese können Sie genau wie ein Profil befüllen. Sobald Sie ein Foto oder Logo für Ihre Seite hochgeladen haben, erscheint auch ein *Foto*-Reiter. Welche Optionen für weitere Reiter schon vorinstalliert sind, sehen Sie unter *Administrationsbereich → Verwalten → Seite bearbeiten → Anwendungen*. Sie können auch weitere Anwendungen hinzufügen (mehr dazu später).

Berücksichtigen Sie beim Ausfüllen des *Info*-Reiters alle notwendigen Informationen, wie eine Kurzbeschreibung des Gegenstands der Seite, einen Link zur regulären Website und alternative Kontaktmöglichkeiten außerhalb von Facebook (E-Mail und/oder Telefonnummer).

213

Achtung

Gewerbliche Facebookseiten unterliegen der Impressumspflicht. Dazu sollten Sie in der Infozeile (*Administrationsbereich → Verwalten → Seite bearbeiten → Allgemeine Informationen → Info*) direkt auf das Impressum Ihrer Website verlinken, so dass es direkt auf der Seite angezeigt wird (siehe Abbildung links). Bei Seiten mit Ortsintegration ist dies nicht möglich. Dort können Sie das Impressum aber als eigenen Tab (mehr dazu gleich) einbinden. Wichtig ist nur, dass der Tab sich unter den vier ersten auf der Seite befindet. Mehr zum Thema Impressumspflicht siehe *http://wp.me/p1vDK6-1qk*.

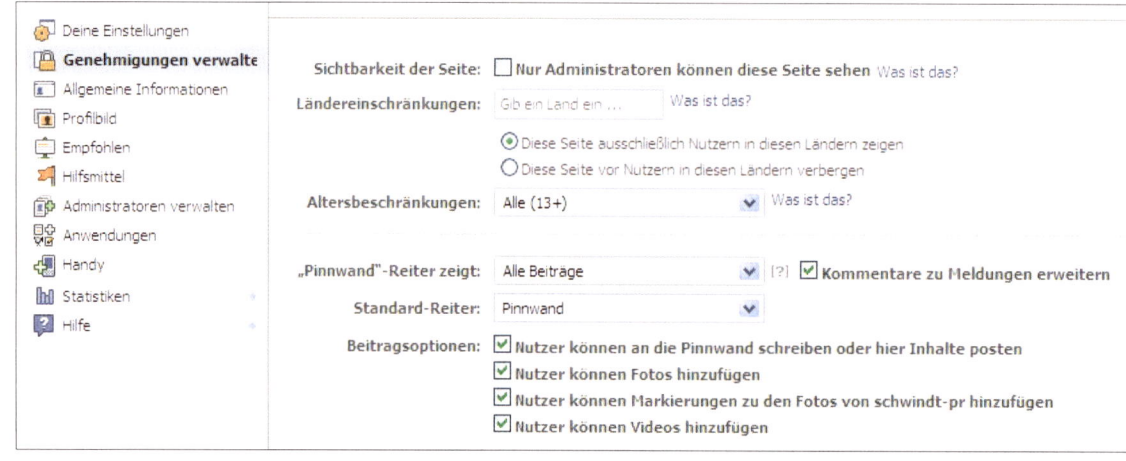

214

Einstellen, was andere auf Ihrer Seite tun dürfen

Um einzustellen, was Facebook-Nutzer auf Ihrer Seite tun dürfen, haben Sie unter *Administrationsbereich → Verwalten → Seite bearbeiten → Genehmigungen verwalten* folgende Optionen:

- *Länder- und Alterseinschränkung*: Wenn Sie hier etwas an der Standardeinstellung ändern, wird Ihre Seite keine öffentliche Ansicht haben, sondern nur eingeloggten Besuchern angezeigt, die die angegebenen Kriterien erfüllen.
- *Beitragsoptionen*: Hier stellen Sie ein, ob andere auf der Seite nur kommentieren und liken oder auch selbst Beiträge veröffentlichen dürfen und ob dies nur Texte und Links oder auch Fotos und Videos sein dürfen.
- *Sichtbarkeit der Beiträge*: Definieren Sie, ob die Beiträge von anderen (sofern oben zugelassen) nur unter dem Filter *Beiträge von anderen* sichtbar sein, oder auch als Kasten in der rechten Spalte zusammengefasst werden sollen. (Ich empfehle letzteres!)
- *Markierungserlaubnis*: Sollen andere die von Ihrer Seite aus hochgeladenen Fotos markieren dürfen oder nicht?
- *Nachrichten-Schaltfläche anzeigen*: Möchten Sie den Besuchern Ihrer Seite die Möglichkeit geben, Sie auch nichtöffentlich zu kontaktieren? (Ich empfehle ja!)
- *Blockierliste für Moderatoren/für vulgäre Ausdrücke*: Stellen Sie ein, für welche Begriffe und wie stark die Beiträge und Kommentare von anderen gefiltert werden sollen.

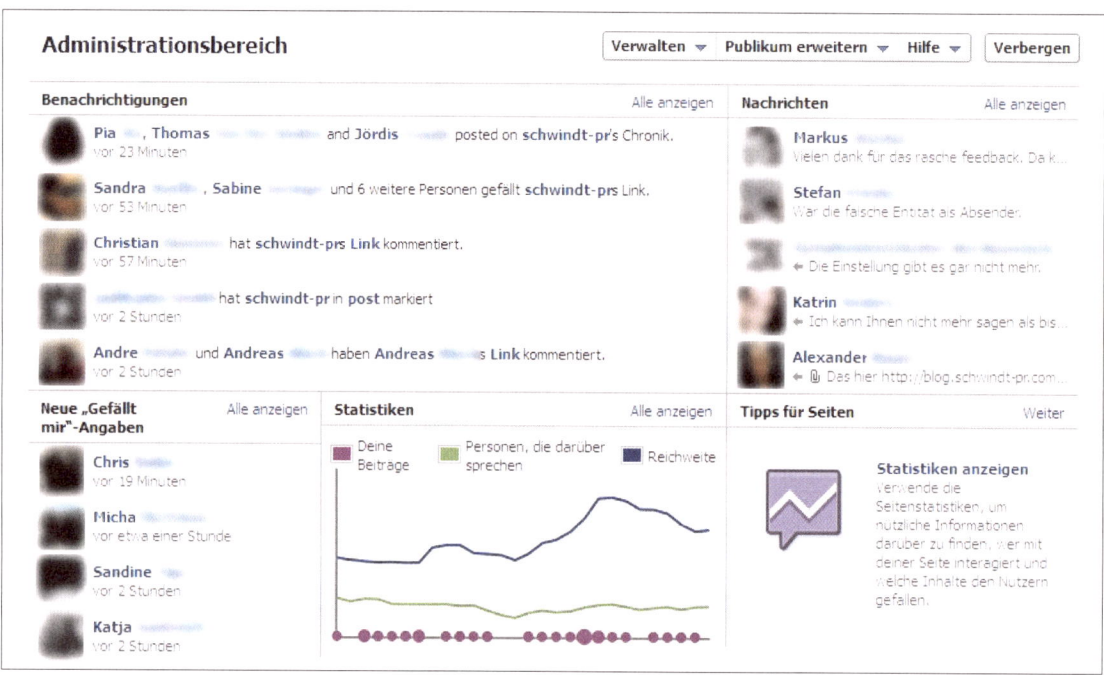

Der Administrationsbereich

Oben auf Ihrer Seite finden Sie den nur für Administratoren sichtbaren Adminstrationsbereich. Sie können ihn entweder ausgeklappt lassen oder über den Button *Verbergen* wegklappen. Zurück dorthin kommen Sie immer über den Button *Administrationsbereich*.

Dieser Bereich enthält folgende Rubriken:

- *Benachrichtigungen* – zeigt die letzten Aktivitäten von anderen auf Ihrer Seite
- *Neue „Gefällt mir"-Angaben* – zeigt die vier neuesten Fans und führt über *Alle anzeigen* zu einer weiteren Liste der neuesten Fans. Eine Gesamtliste für Seiten mit mehr als ein paar Hundert Fans ist derzeit nicht verfügbar.
- *Statistiken* – zeigt eine grobe Übersicht zur Seitennutzung, *Alle anzeigen* führt zur detaillierten Ansicht. Erklärungen dazu liefert der Guide von Facebook unter *http://tinyurl.com/cbu8tr5* (pdf).
- *Tipps für Seiten* – zeigt weiterführende Links zum Thema Seiten an
- *Nachrichten* – Postfach der Seite, sofern Nachrichten zugelassen wurden (siehe vorangegangene Seiten). Nachrichten für Seiten dienen dazu, Sie für andere ansprechbar zu machen. Sie können damit nicht andere initiativ anschreiben und diese Funktion für Werbung nutzen!

Menü oben rechts:

- *Verwalten* – führt zu den Seitenverwaltungslinks *Seite bearbeiten*, *Aktivitätenprotokoll verwenden*, *Gesperrte Nutzer anzeigen*, *Facebook unter dem Namen [Seitenname] verwenden* (= identity switch).
- *Publikum erweitern* – bietet (sofern der Admin gerade als Person eingeloggt ist) die Optionen *Freunde einladen* und *Seite teilen* (= weitersagen) sowie die Möglichkeit, die Seite mit einer Anzeige zu bewerben.
- *Hilfe*
- *Verbergen* – Adminbereich wegklappen

Den Spamordner von Fanseiten verwalten

Beiträge von anderen auf Ihrer Seite, die Facebook als spamverdächtig einstuft oder die von Ihnen als Spam gemeldet wurden, landen im Spamordner. Diesen finden Sie über *Administrationsbereich → Verwalten → Aktivitätenprotokoll verwenden*, wenn Sie zuletzt noch im Filter oben rechts von *Alle* auf *Spam* wechseln.

Haben Sie einen Beitrag entdeckt, der zu Unrecht im Spamordner gelandet ist, klicken Sie rechts davon auf das Verborgen-Icon und wählen dann *Spammarkierung aufheben*. Handelt es sich tatsächlich um Spam oder sonstige unerwünschte Inhalte, können Sie den Beitrag hier auch löschen.

Tipp

Diesen Ordner sollten Sie regelmäßig überprüfen, da hier oft auch Beiträge landen, die gar kein Spam sind, sondern nur auf die Seite verlinken.

Anwendungen auf Seiten verwenden

Die Gestaltungsmöglichkeiten und Funktionen einer Seite lassen sich durch Anwendungen um einiges erweitern. Wie gesagt, können andere als die facebookeigenen Anwendungen aber nur von demjenigen auf Seiten installiert werden, der ein persönliches Konto hat (s. Kapitel 7).

Eine umfangreiche Zusammenstellung von Anwendungen für Seiten finden Sie zum Beispiel auf *http://applosive.de/*.

Wie Sie eigene Anwendungen erstellen, um auf Ihrer Domain abgelegte Inhalte per iframe-Tab in Ihre Seite einzubinden, erkläre ich ab Seite 225.

Tipp

Achten Sie beim Hinzufügen von Anwendungen zu Ihrer Seite darauf, dass Sie sie auch wirklich zur Seite und nicht zu Ihrem persönlichen Profil hinzufügen. So oder so müssen Sie als Person eingeloggt sein, da Sie sich mit Ihrem Profil für die Verwendung der Anwendung legitimieren müssen. Während man als Seite eingeloggt ist, kann man keine Anwendungen hinzufügen!

Christian Straube YouTube-Channel ▼

👍 Gefällt mir

Powered by YouTube Channels

Uploads

Displaying 1 - 4 videos out of 10

NEXT

Silberdistel - Christian Strau...

Christian Straube über "Affini...

Affinity...

CUT!...

Affinity
by christianstraube

You Tube

▶ 0:01 / 2:48   360p ▲

Beliebte Anwendungen für Seiten

Zum Einbinden von RSS-Feeds:

- NetworkedBlogs: *http://www.facebook.com/apps/application.php?id=9953271133*
- Social RSS: *http://www.facebook.com/apps/application.php?id=23798139265*
- RSS Graffiti: *http://www.facebook.com/apps/application.php?id=45439413586*

Zum Einbinden von Fotos:

- der Facebook-eigene *Fotos*-Reiter (erlaubt auch Fotoalben)

Zum Einbinden von Videos:

- YouTube Channels: *http://apps.facebook.com/uchannels/*
- der Facebook-eigene *Video*-Reiter

Weitere:

- Twitter (mehr dazu gleich)
- der Facebook-eigene Reiter für Veranstaltungen (mehr dazu gleich)

✓ Gefällt dir

Home | Grundsätze | Publikationen | Vorträge | Kontakt

Willkommen

auf der Fanseite von schwindt-pr,
der Facebook-Präsenz der Bonner Kommunikations-Beraterin
Annette Schwindt.

Hier teilt Annette Schwindt interessante Neuigkeiten zum Thema
Facebook, Kommunikation und Social Web sowie zu konkreten
Projekten aus ihrer Arbeit.

Diese Fanseite weitersagen:

in Facebook   **per Twitter**   **via Google+**

Annette Schwindt bloggt In Sachen Kommunikation und ist Autorin bei O'Reilly-Verlag *(bereits
erschienen: "Das Facebook-Buch", 2.Aufl. 2011; derzeit in Arbeit: "Das Google+ Buch" (erscheint
Ende Mai 2012).*

Beiträge dieser Fanseite abonnieren...
🔖 per Feedreader ✉ per E-Mail

News zum Thema Google+ bekommen Sie über die dortige Unternehmensseite von schwindt-pr.

Alle News inkl. Blog und Google+ oder einzeln gibt es im Newsroom auch zum Abonnieren für
Reader und Mail.

Impressum

Individuelle Inhalte mit eigener Anwendung via iframe einbinden

Facebook erlaubt das Erstellen von sogenannten iframe-Tabs als individuelle Gestaltungsmöglichkeit von Fanseiten. Dazu nötig sind:

- externer Webspace (vorzugsweise dort, wo Ihre reguläre Website auch liegt)
- WICHTIG: inklusive https-Variante!
- ein verifiziertes persönliches Konto auf Facebook, mit dem Sie auch Admin der Fanseite sind, zu der die individuellen Inhalte hinzugefügt werden sollen
- HTML- und CSS-Kenntnisse (oder ein Webdesigner, der diesen Teil für Sie übernimmt)

Die Inhalte eines iframe-Tabs können Sie wie normale Websites designen und (wie auch sonst im Webdesign) ausgehend von einer index.html konzipieren. Für die CSS-Datei des iframe-Tabs können Sie die CSS-Datei Ihrer Website kopieren und entsprechend anpassen.

Für Fanseiten-Reiter gilt eine maximale Breite von 810 Pixeln und eine maximale Höhe von 800 Pixeln, wenn Sie Scrollbalken vermeiden wollen.

Links, die aus dem Reiter hinaus auf externe Webseiten führen sollen, müssen mit target="_blank" versehen werden, weil Facebook sonst versucht, auch diese (nicht für die Ansicht in Facebook optimierten Seiten) im Reiter darzustellen. Möchten Sie aus dem Tab, aber im selben Fenster weiterverlinken (z.B. zurück zur Pinnwand oder in einen anderen Reiter), dann verwenden Sie target="_top".

Einstellungen

Grundlegend
Auth-Dialog
Fortgeschritten

Open Graph

Aufgabenbereiche

Gutschriften

Insights

Verwandte Links

Debug-Tool verwenden
Graph API-Explorer benutzen
Anwendung in Chronik
anzeigen
Wirb mit einer Anzeige

Anwendungen ▸ Mein iframe Tab ▸ Grundlegend

Mein iframe Tab
App ID:
App Secret: (zurück setzen)
(Miniaturbild bearbeiten)

Allgemeine Informationen

Anzeigename der Anwendung: [?]	Mein iframe Tab
Namensraum der Anwendung: [?]	
Kontakt-E-Mail-Adresse: [?]	passende Mailadresse
Anwendungsdomain: [?]	Enter your site domains and press enter
Kategorie: [?]	Sonstige ▾ — Choose a sub-category ▾
Hosting URL: [?]	You have not generated a URL through one of our partners (Get one)

Erstellen einer Anwendung für den iframe-Tab

1. Legen Sie auf Ihrem Webserver einen eigenen Ordner an und kopieren Sie die Dateien für den Tab (.css und .html) in diesen Ordner.

2. Die neu erstellte index.html für den neuen Tab ist also zu finden unter *http://meinewebseite.de/ meinordner/index.html*

3. Öffnen Sie in einem neuen Browser-Tab die Developer-Seite *http://www.facebook.com/developers/*

4. Klicken Sie rechts oben auf den Button + *Neue Anwendung erstellen*

5. Geben Sie Ihrer Anwendung einen Namen (kann man jederzeit wieder ändern und ist nach außen nicht sichtbar).

6. Klicken Sie auf *Weiter*. Danach werden Sie gebeten, einen Sicherheits-Code einzugeben.

7. Oben können Sie jetzt ein Icon für Ihren Reiter hochladen. Das große sollte mindestens 111 x 74 Pixel groß sein, das kleine 16 x 16 Pixel, JPG-, GIF- oder PNG-Format haben und nicht größer als 5MB sein. Außerdem versichern Sie mit dem Hochladen, dass Sie die Rechte an diesem Bild besitzen.

8. Kopieren Sie sich die oben angegebene App-ID!

9. Geben Sie eine Mailadresse an, unter der sie bezüglich dieser App kontaktiert werden möchten (Facebook übernimmt hier zunächst die Mailadresse Ihres Facebookkontos).

10. Klicken Sie die Bereiche *Website*, *Anwendung auf Facebook* und *Seitenreiter* an.

(Fortsetzung →)

Wähle aus, wie sich deine Anwendung in Facebook integriert

✓ Website   ✕

Adresse der Webseite: [?]   http://www.meinewebsite.de

✓ Anwendung auf Facebook   ✕

Canvas-URL: [?]   http://www.meinewebsite.de/meinordner/

Sichere Canvas-URL: [?]   https://www.meinewebsite.de/meinordner/

✓ Seitenreiter   ✕

Page Tab Name: [?]   Mein Tabname

Page Tab URL: [?]   http://www.meinewebsite.de/meinordner/index.html

Secure Page Tab URL: [?]   https://www.meinewebsite.de/meinordner/index.html

Page Tab Edit URL: [?]

Change

Bild für Seitenreiter:

Page Tab Width: [?]   ◯ Narrow (520px)   ◉ Wide (810px)

11. Geben Sie unter *Website* die Domain an, auf der Ihre vorbereiteten Inhalte liegen: *http://www.meinewebseite.de*.

12. Geben Sie unter *Anwendung auf Facebook* den Ordner an, in dem Ihre vorbereiteten Inhalte liegen: *http://www.meinewebseite.de/meinordner/* (nicht den / am Ende vergessen!) und *https://www.meinewebseite.de/meinordner/*.

13. Geben Sie unter *Seitenreiter* den Namen, der auch auf der Seite beim Tab angezeigt werden soll und die Adresse der Startdatei Ihres Reiters ein: *http://www.meinewebseite.de/meinordner/ index.html* und *https://www.meinewebseite.de/meinordner/index.html*.

14. Speichern Sie.

Tipp

iframe-Tabs auf Fanseiten können den Traffic des Servers, auf dem Ihre Inhalte liegen, deutlich vervielfachen! Dementsprechend sollten Sie ggf. das Hostingpaket Ihrer Website anpassen! Sollten Sie selbst über keinen Webspace verfügen, auf dem Sie Ihre Reiter-Inhalte hosten können, dann können Sie entweder die von Facebook zur Verfügung gestellten Cloud Services nutzen oder statt einer eigenen Anwendung eine bestehende Drittanwendung wie iframeWrapper (hat auch CMS_Variante) oder Tabmaker von 247 Grad.

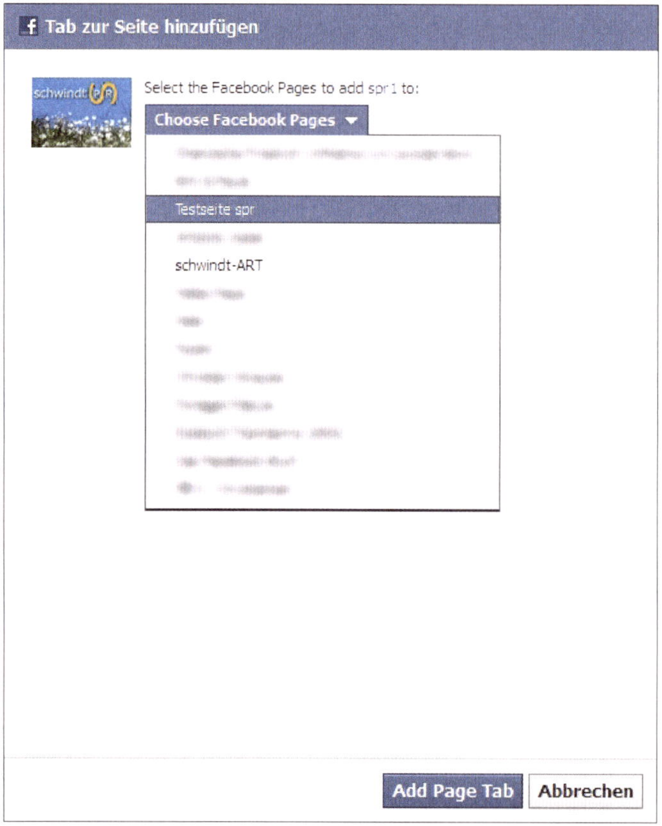
Tab zur Seite hinzufügen
Select the Facebook Pages to add spr1 to:
Choose Facebook Pages
Testseite spr
schwindt-ART
Add Page Tab
Abbrechen

iframe-Tab zur Seite hinzufügen

Nachdem Sie die Anwendung für Ihren iframe-Tab gespeichert haben, gehen Sie wie folgt vor, um den Tab auch auf Ihrer Seite anzuzeigen:

1. Modifizieren Sie den folgenden Link mit Ihrer App-id (siehe Punkt 8, Seite 227):
   https://www.facebook.com/dialog/
   pagetab?app_id=YOUR_APP_ID&display=popup&next=http://www.facebook.com/

   Beispiel:
   https://www.facebook.com/dialog/
   pagetab?app_id=123456789012345&display=popup&next=http://www.facebook.com/

2. Geben Sie dann diesen modifizierten Link ins Adressfeld Ihres Browsers ein und drücken Sie *Enter*. Daraufhin erscheint ein Dialog wie in der Abbildung links.

3. Wählen Sie die passende Facebook-Seite aus und klicken Sie unten rechts auf *Add page tab*. Damit wird der Tab Ihrer Seite hinzugefügt.

Tipp

Die Anleitung zum Erstellen und Hinzufügen von iframe-Tabs kann auch unter *http://spr.li/iframe* als PDF-Datei heruntergeladen werden. Dort sind auch weitere Tipps zur Problembehebung und – falls Änderungen von Facebook kommen – Updates verfügbar.

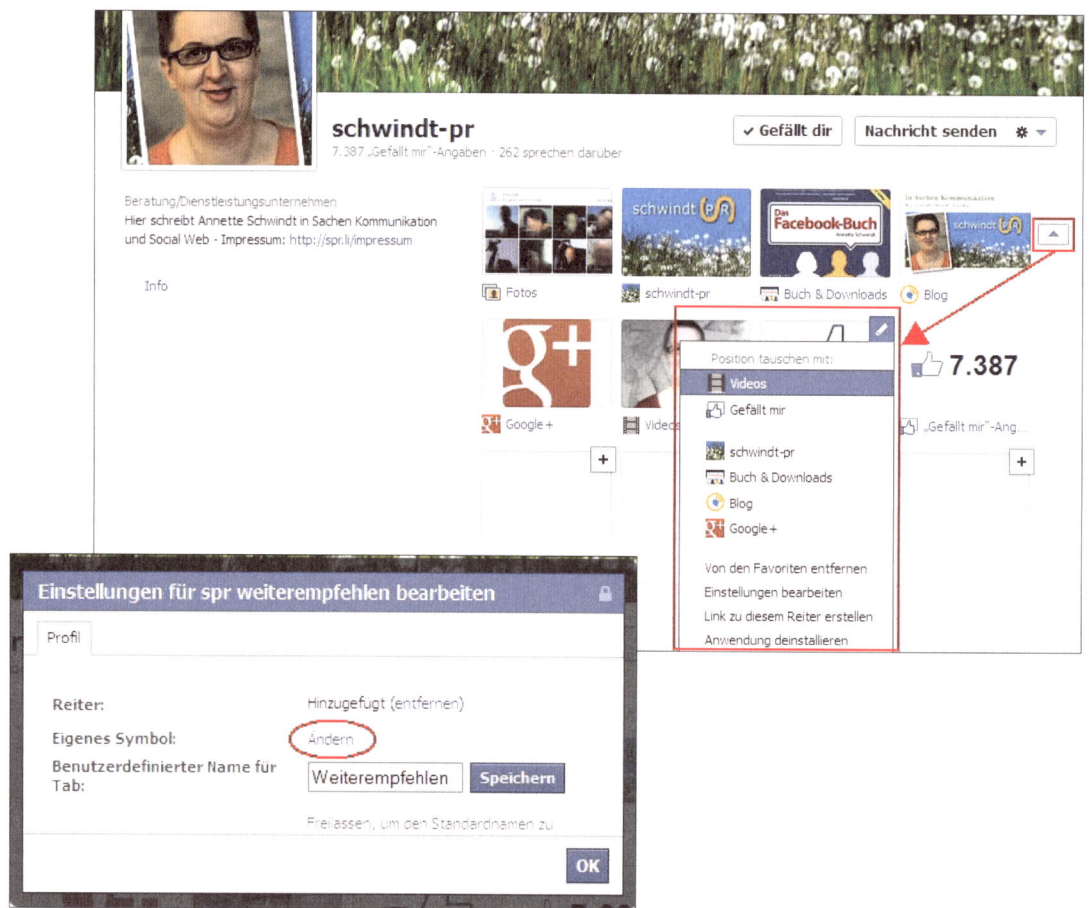

Tabvorschau anpassen

Je mehr Anwendungen Sie auf der Seite nutzen, umso mehr Tab-Boxen erscheinen im Kopfbereich Ihrer Seite. Standardmäßig angezeigt werden nur die ersten vier, wobei *Fotos* immer der erste ist. Die Reihenfolge der anderen Tab-Boxen können Sie ändern, indem Sie zunächst den Pfeil am Ende der ersten vier Boxen anklicken und damit alle verfügbaren Boxen ausklappen. Dann überfahren Sie die zu verschiebende Box mit der Maus, klicken auf den dabei erscheinenden Stift und wählen *Position tauschen mit [Reitername]*.

Das Bild, das in der Tab-Box angezeigt wird, können Sie bei eigenen Anwendungen ebenfalls anpassen. Dazu klicken Sie ebenfalls wie oben beschrieben den Stift der betreffenden Tab-Box an und wählen dann *Einstellungen bearbeiten → Eigenes Symbol: ändern*. Wenn Sie im daraufhin erscheinenden Fenster ein Bild hochladen, das exakt 111 x 74 Pixel groß ist, wird dieses nachher die Tab-Box im Kopfbereich Ihrer Seite komplett ausfüllen.

Twitter für Fanseiten

Für die Vernetzung einer Seite mit Twitter gibt es mehrere Möglichkeiten:

Von Twitter auf die Seite posten (s. Kapitel 7), zum Beispiel mit:

- der Facebook-Anwendung von Twitter: *http://www.facebook.com/apps/application.php?id=2231777543*
- Selective Tweets: *http://www.facebook.com/apps/application.php?id=115463795461*

Von der Seite aus auf Twitter posten:

- Twitter für Seiten: *http://www.facebook.com/twitter*

Letztere Anwendung erlaubt die Verknüpfung der Seite mit einem Twitter-Account, wobei Sie einstellen können, welche Art von Postings per Tweet weitergegeben werden sollen (Statusmeldungen, Fotos, Links, Notizen, Veranstaltungen).

Tipp

Verwenden Sie die Vernetzung mit Twitter nur in eine Richtung. Wenn Sie die Anwendung *Twitter für Seiten* nutzen, beachten Sie für Ihre Postings die maximale Tweet-Länge von 140 Zeichen minus dem von Facebook zu Ihrem Posting automatisch generierten Kurzlink von 21 Zeichen (inklusive der Leerzeichen davor) = 119 Zeichen maximal! Außerdem verwirrt es die Leser auf Twitter, wenn Sie weitere Links im Postingtext verwenden. Hängen Sie daher Links besser nur an das Facebook-Posting an. Der automatisch kreierte *fb.me*-Kurzlink im Tweet führt nur bei Text-Postings zu Ihrer Fanseite. Sobald ein externer Anhang vorhanden ist, führt der Kurzlink direkt dorthin.

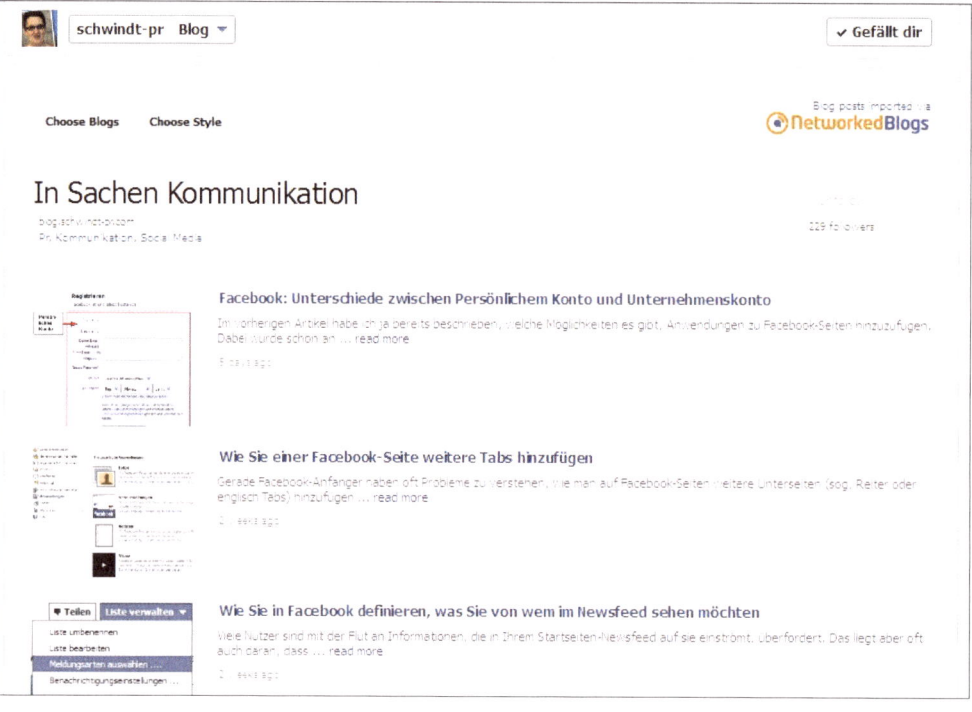

Das eigene Blog in die Seite einbinden

Um Ihr Blog in Ihre Seite einzubinden, können Sie verschiedene Anwendungen nutzen (siehe weiter vorn in diesem Kapitel). Ich persönlich bevorzuge dafür *Networked Blogs* (*http://apps.facebook.com/blognetworks*). Mit dieser Anwendung können Sie nicht nur einen, sondern auch mehrere Feeds in die Fanseite einbinden.

Sobald Sie *Networked Blogs* zu Ihrer Seite hinzugefügt und den gewünschten Feed mit der Anwendung verbunden haben, können Sie unter *Administrationsbereich → Verwalten → Seite bearbeiten →* Anwendungen *→ Networked Blogs → Zur Anwendung* weitere Einstellungen vornehmen.

Die Meldungen, die Networked Blogs automatisch an Ihre Pinnwand postet, werden, falls Sie von Ihrer Fanseite nach Twitter posten, nicht getweetet. So können keine Dopplungen entstehen.

Tipp

Sie müssen der Anwendung unter *Administrationsbereich → Verwalten → Seite bearbeiten → Anwendungen → Networked Blogs → Zur Anwendung* in Schritt 2 noch ausdrücklich die Erlaubnis erteilen, an Ihre Pinnwand zu posten (auch wenn Sie in Schritt 1 das Häkchen schon gesetzt haben). Außerdem sollten Sie sicherstellen, dass das Häkchen unter *Einstellungen bearbeiten → Zusätzliche Genehmigungen* ebenfalls gesetzt ist. Wenn Ihnen das automatische Posten zu lange dauert, können Sie den Feed im dazugehörigen Blogprofil von Networked Blogs (*Blog*-Reiter *→* Blogtitel anklicken) aktualisieren (*Pull now*) und posten (*syndication*).

Leider fasst Facebook inzwischen Meldungen von solchen Importanwendungen im Newsfeed zusammen. Ich nutze die Anwendungen daher nur noch als Reiter und poste die Beiträge per Hand.

Fragen stellen, Umfragen durchführen

Die Frage-Funktion von Facebook ist sowohl im Herausgeber auf der Startseite als auch auf Seiten verfügbar. Auf Seiten verbirgt er sich allerdings hinter *Veranstaltung*, *Meilenstein +* (siehe Abbildungen links).

Darüber kann man entweder eine offene Frage oder auch eine Umfrage mit vorgegebenen Antworten erstellen.

Über *Allen Nutzern das Hinzufügen von Optionen gestatten* kann man einstellen, ob nur die vorgegebenen Antworten angekreuzt oder auch eigene Antworten zur Abstimmung hinzugefügt werden können. Schickt man die Frage ab, erscheint zunächst nur die Frage mit den ersten Antwortoptionen auf der Pinnwand. Um die Antwortoptionen und weitere Interaktionsmöglichkeiten zu sehen, muss man die Frage anklicken. Daraufhin öffnet sich ein Popup-Fenster.

Oben sieht man den aktuellen Stand der Antworten und kann ebenfalls abstimmen. Haben Freunde bereits an der Umfrage teilgenommen, erscheinen ihre Miniaturbilder hinter der entsprechenden Antwort. Wer möchte, kann seine Antwort auch kommentieren. Über *Freunde fragen* kann man die Umfrage an seine Freunde weitersagen. Über *Folgen* kann man verfolgen, ob/was Freunde auf die Frage antworten und diese Antworten über seinen Newsfeed verbreiten.

Über alle Frage-Aktivitäten, an denen man teilnimmt, wird man sowohl in Facebook als auch per Mail benachrichtigt. Die Mailbenachrichtigung kann man wie alle anderen unter *Kontoeinstellungen →
Benachrichtigungen* einstellen.

Weitere Infos gibt es unter *http://www.facebook.com/help/facebook-questions*.

Letzte Überarbeitung: 22 Dezember 2009

Facebook-Richtlinien für Promotions

Die vorliegenden Richtlinien für Promotions regeln die von dir vorgenommene Publikation oder Organisation von Verlosungen, Wettbewerben, Preisausschreiben oder ähnlichen Angeboten (jeweils „Promotion") auf Facebook. Unter dem Begriff „Verlosung" verstehen wir ein Gewinnspiel, bei dem der Gewinner nach dem Zufallsprinzip ermittelt wird und einen Preis erhält. Auch bei einem „Wettbewerb" oder „Preisausschreiben" wird ein Preis vergeben; hier wird der Gewinner jedoch auf der Grundlage bestimmter Qualifikationen oder Leistungen ermittelt (z. B. anhand bestimmter Beurteilungskriterien). „Publikation einer Promotion auf Facebook" bezieht sich auf jegliche Ankündigung, Unterstützung oder Beschreibung einer Promotion auf Facebook bzw. über einen Bestandteil der Facebook-Plattform. Hierzu zählen beispielsweise der Facebook-Werbebestand, eine Facebook-Seite oder eine Statusmeldung. „Organisation einer Promotion auf Facebook" bezieht sich auf die Durchführung beliebiger Elemente der Promotion auf Facebook bzw. über einen Bestandteil der Facebook-Plattform. Dazu kann unter anderem die Erfassung von Beiträgen oder Anmeldungen, die Gewinnziehung, die Beurteilung von Beiträgen oder die Benachrichtigung der Gewinner gehören. Durch jede Form von Publikation oder Organisation der Promotion auf Facebook bzw. über einen Bestandteil der Facebook-Plattform erklärst du dein Einverständnis mit den vorliegenden Richtlinien für Promotions.

Abschnitt 1.   Allgemeines

1.1.   Unbeschadet der sonstigen Bestimmungen in diesem Dokument erkennst du ausdrücklich deine Verantwortung dafür an, dass jede Form von Promotion und die entsprechende Organisation, Ankündigung, Publikation und Erfüllung allen geltenden Gesetzen auf Bundes-, Landes- und kommunaler Ebene sowie sämtlichen geltenden Vorschriften, Branchenstandards und Richtlinien entspricht.

1.2.   Du bist für deine Promotion vollständig allein verantwortlich und haftbar. Dies schließt ohne Einschränkung jede Form der Publikation oder Organisation einer Promotion auf Facebook bzw. über einen Bestandteil der Facebook-Plattform ein und gilt selbst dann, wenn die Publikation oder Organisation der Promotion auf Facebook bzw. über einen Bestandteil der Facebook-Plattform von Facebook genehmigt wurde.

1.3.   Du darfst ohne ausdrückliche schriftliche Genehmigung unseren Namen, unsere Marken, Handelsnamen, Urheberrechte oder andere Bestandteile unseres geistigen Eigentums in keiner Weise in den Regeln oder sonstigen Materialien für die Promotion verwenden.

1.4.   Promotions und alle damit zusammenhängenden Publikationen müssen echt sein und korrekt durchgeführt werden und dürfen die Teilnehmer nicht über den Preis oder andere Aspekte der Promotion irreführen, täuschen oder diese in anderer Weise falsch darstellen.

Abschnitt 2.   Verbote

In den folgenden Fällen ist die Publikation oder Organisation von Promotions auf Facebook untersagt:

Gewinnspielrichtlinien für Seiten

Für das Veranstalten von Gewinnspielen hat Facebook für Seitenbetreiber eigene Richtlinien veröffentlicht. Diese finden Sie unter *http://www.facebook.com/promotions_guidelines.php*.

Kurz zusammengefasst, steht darin, dass Gewinnspiele auf Seiten

- keine Handlung auf Facebook wie Fanwerden, Foto-Änderung etc. verlangen dürfen.
- nur mit einer eigenen Anwendung, die nicht auf dem Facebook-Server läuft, veranstaltet werden dürfen. (Eigene Anwendungen können Sie unter *http://developers.facebook.com* erstellen, s. auch Seite 225 ff.)
- der deutschen Rechtsordnung entsprechen müssen, wenn die dafür verwendete Gewinnspiel-Anwendung auf einem deutschen Server läuft. Das heißt, die Teilnehmer müssen zuerst aktiv den Teilnahmebedingungen zustimmen, bevor sie am Gewinnspiel teilnehmen.

Tipp

Auch wenn sich manch andere Seitenbetreiber nicht an die Richtlinien halten, sollten Sie eine Sperrung Ihres Kontos besser nicht riskieren.

Meilensteine eintragen

Wie die Lebensereignisse in persönlichen Profilen mit Chronik/Timeline gibt es für Facebook-Seiten die Möglichkeit, sogenannte Meilensteine einzutragen. Dies sind hervorgehobene Beiträge (siehe folgende Seiten) zu bestimten Ereignissen in der Geschichte des Gegenstands der Seite (Unternehmen, Organisation, Band etc.).

Um einen Meilenstein einzutragen, klicken Sie auf den gleichnamigen Menüpunkt im Herausgeber, tragen dann die Details ein und laden am besten noch ein Foto dazu hoch.

Wenn Sie zum ersten Mal einen Meilenstein eintragen, muss dies der am weitesten zurückliegende sein (gegründet, gestartet, geboren etc.). Sobald dieser früheste Meilenstein eingetragen ist, lässt Facebook keine Rückdatierung von Beiträgen vor diesen Zeitpunkt mehr zu.

Bereits eingetragene Meilensteine könne über die Zeitleiste oben rechts auf der Seite angesteuert und auch nachträglich bearbeitet werden. Dazu einfach auf den Stift klicken, der beim Überfahren mit der Maus oben rechts erscheint.

Beiträge hervorheben oder fixieren

Weitere Möglichkeiten, Beiträgen auf der Seite besonders zu betonen, bieten die Hervorheben- und die Fixieren-Funktion.

Wenn Sie einen Beitrag hervorheben, dehnen sie ihn (wie Meilensteine, siehe vorhergehende Seiten) über beide Spalten hinweg aus. Um dies zu erreichen klicken Sie auf den Stern, der oben rechts erscheint, wenn Sie den Beitrag mit der Maus überfahren. Um eine Hervorhebung rückgängig zu machen, gehen Sie auf dieselbe Weise vor.

Möchten Sie verhindern, dass ein Beitrag durch neue Postings in der Chronik nach unten verschoben wird, nutzen Sie die Fixieren-Funktion. Dazu klicken Sie auf den Stift, der oben echts über dem Beitrag erscheint, wenn Sie ihn mit der Maus überfahren und wählen *Oben fixieren*. Das Posting wird daraufhin mit einem orangefarbenen Lesezeichen versehen an erste Stelle in die Chronik gesetzt und bleibt dort maximal 7 Tage lang stehen, auch wenn Sie inzwischen neue Beiträge posten. Sollten Sie die Fixierung vor Ablauf der 7 Tage rückgängig machen wollen, gehen Sie auf dieselbe Weise vor.

Meilensteine oder hevorgehobene Beiträge können nicht oben fixiert werden!

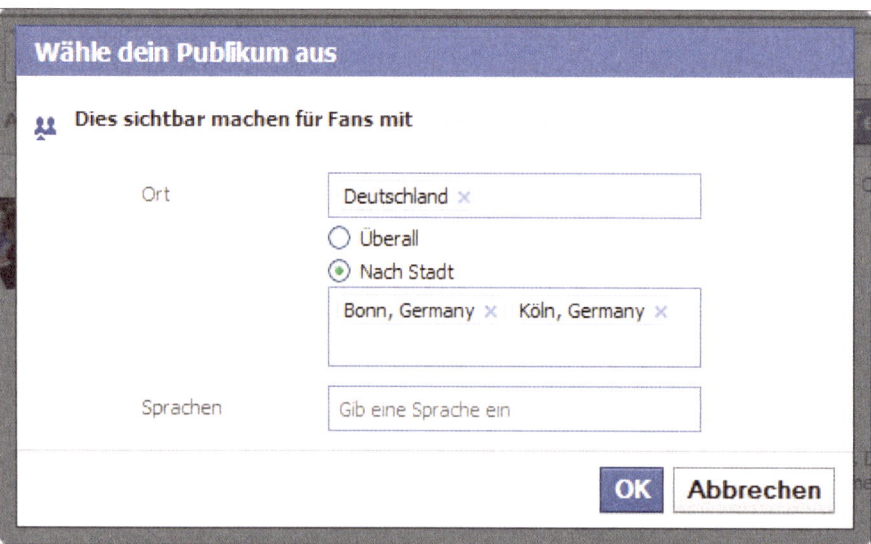

Nur für bestimmte Personen posten (Targeting)

Wenn Sie als Betreiber oder Admin einer Seite etwas über das *Was machst du gerade?*-Feld posten, können Sie entweder für alle posten, oder Sie grenzen die Leserschaft über den Button links neben dem *Posten*-Button weiter ein. Wenn Sie dort *Eingrenzen auf Standort/Sprache* auswählen, können Sie die Leserschaft (oder Ihr Publikum, wie Facebook das nennt) eingrenzen nach:

- Land und dann optional weiter auch nach Stadt (Wenn mehrere Länder ausgewählt werden, entfällt die Städteoption, und mehrere Städte können nur innerhalb eines Landes ausgewählt werden.)
- Sprache (womit Facebook hier die eingestellte Nutzersprache meint)

Achtung

Postings, die per Targeting eingeschränkt werden, sind für alle außerhalb der angegebenen Zielgruppe unsichtbar! Das schließt auch das Weiterleiten an Twitter (s. Seite 235) sowie die öffentliche Ansicht für nicht in Facebook eingeloggte Besucher der Seite ein!

schwindt-pr

DeinWeb - Ein Web für alle! berichtet: Internet Explorer 9 kommt mit "Tracking Protection"

Internet Explorer 9 kommt mit "Tracking Protection" | Privatsphäre und Datenschutz im Web 2.0
www.datenschutzberatung.org

Microsoft will seine neue Version 9 des Internet Explorers mit einer Funktion ausstatten, die User vor der Verfolgung ihrer Surf-Aktivitäten (Tracking)

 vor etwa einer Minute · Beitrag anzeigen

Weiterempfehlen und verlinken mit @mention

Möchten Sie in einem Posting auf andere hinweisen und erreichen, dass diese auch davon erfahren, dann nutzen Sie die @mention-Funktion (s. Kapitel 3 und 5). Dies ist auch eine Möglichkeit, mit dem Absender seiner Seite woanders als auf der eigenen Seite zu posten.

Das Posting erscheint dann nicht nur auf der eigenen Seiten-Pinnwand, sondern auch in Kopie am verlinkten Ort mit dem Absender der Seite. Es kann dort nicht direkt kommentiert oder gelinkt werden. Dazu muss man sich erst über *Beitrag anzeigen* zum Original weiterklicken. Damit die Kopie am anderen Ort auch ankommt, muss das Posting für Alle sichtbar eingestellt sein. Außerdem können Sie andere Orte nur per @mention erwähnen, wenn Sie auch mit ihnen vernetzt sind.

Achtung

Nutzen Sie diese Funktion nicht, um für sich zu werben, sondern nur für sinnvolle Verlinkungen, zum Beispiel um den Beitrag von jemandem mit Quelle weiterzuempfehlen (siehe Abb. links) oder um sich öffentlich für etwas zu bedanken.

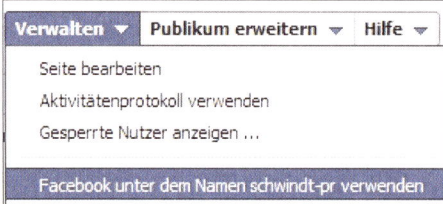

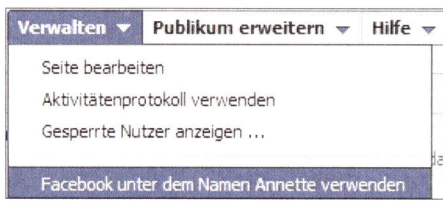

Einstellungen für Beiträge: ☑ **Kommentiere und poste Beiträge auf deiner Seite immer unter dem Namen schwindt-pr, auch wenn du Facebook als Annette Schwindt verwendest.**
Hinweis: Du verwendest Facebook derzeit unter dem Namen **Annette Schwindt**. Um Facebook als **schwindt-pr** zu verwenden, klicke auf „Konto" oben auf einer beliebigen Seite.

Login als Seite oder Person: identity switch

Administratoren von Facebook-Seiten haben die Möglichkeit, zwischen dem Login als Person und dem Login als Seite hin- und herzuwechseln (*identity switch*). Das geht über *Administrationsbereich → Verwalten → Facebook als [Seitenname] verwenden.*

Sind Sie als Seite eingeloggt, verschwinden alle Vernetzungen und Interaktionsmöglichkeiten, die mit Ihrem privaten Profil verknüpft sind. Jetzt sind Sie geschäftlich in Facebook unterwegs! Chat und Privatnachrichten sind also nicht verfügbar, das Icon für neue Freunde zeigt stattdessen neue Fans an und das Benachrichtigungssymbol die neuesten Aktivitäten der Fans auf Ihrer Seite. Sie können als Seite innerhalb von Facebook navigieren. Gruppen und private, nicht-öffentliche Profile bleiben Ihnen allerdings verschlossen. Sie haben eine andere Startseite mit Newsfeeds, die Beitragskopien Ihrer Vernetzungen als Seite (mehr dazu später) zeigen und können auf Seiten, die Sie als Seite geliket haben (ehemals *Lieblingsseiten,* mehr dazu gleich) auch als Seite interagieren.

Möchten Sie zurück zu Ihrer privaten Facebook-Oberfläche, können Sie sich an derselben Stelle wieder als Person einloggen. So können Sie nun auch auf der eigenen Fanseite mit dem Absender Ihres persönlichen Profils interagieren, sofern Sie die Sicherheitssperre unter *Administrationsbereich → Verwalten → Seite bearbeiten → Deine Einstellungen → Einstellungen für Beiträge* deaktiviert haben. Möchten Sie auf Ihrer Seite immer als Seite agieren, dann sollten Sie die Funktion aktivieren.

Achtung

Auch hier gilt: Setzen Sie diese Funktion nicht ein, um auf anderen Seiten für sich zu werben oder gar zu spammen. Es gibt inzwischen sogar Anwälte, die so etwas abmahnen! Mehr dazu unter *http://tinyurl.com/7tneeud.*

„Gefällt mir"-Angaben   Alle anzeigen

 Facebook Deutschland
47 Freunde gefällt das ebenfalls.

 Zuerst denken - dann klicken! Hier findest du aktuelle Fakemeldungen
20 Freunde gefällt das ebenfalls.

 Known Issues on Facebook
26 Freunde gefällt das ebenfalls.

 Ich mach was mit Büchern
61 Freunde gefällt das ebenfalls.

 Facebook
49 Freunde gefällt das ebenfalls.

Gefällt mir:

5 empfohlene „Gefällt mir"-Angaben

Diese Seiten werden links auf deiner Seite angezeigt. Es können bis zu fünf Seiten gleichzeitig gezeigt werden. Außerdem kannst du festlegen, welche der Seiten, die dir gefallen, dort abwechselnd angezeigt werden, indem du sie als empfohlene Seiten hinzufügst.

Empfohlene „Gefällt mir"-Angaben bearbeiten

Sich als Seite mit anderen Seiten vernetzen

Seiten können nicht Freund eines Profils oder Mitglied einer Gruppe werden. Das können nur Personen über ihre Profile (wenn sie ein persönliches Konto haben). Seiten können aber andere Seiten liken. Dies ist auch Voraussetzung für das Interagieren als Seite mit einer anderen Seite.

Am einfachsten erreicht man die Vernetzung, indem man zum Login als Seite wechselt und dann auf der anderen Seite auf *Gefällt mir* klickt. Die gelikten Seiten werden dann in der rechten Spalte auf Ihrer Fanseite angezeigt. Unter *Administrationsbereich* → *Verwalten* → *Seite bearbeiten* → *Empfohlen* → *Gefällt mir* können Sie definieren, welche Seiten hier immer zu sehen sein sollen. Die Gesamtliste der gelikten Seiten ist entweder über *Alle anzeigen* oder im *Info*-Reiter der Seite zu sehen.

Die zweite Möglichkeit für Admins, andere Seiten mit ihrer zu vernetzen, besteht darin, die andere Seite zur Lieblingsseite zu erklären. Dazu klicken Sie auf der anderen Seite auf das *Zahnrad* oben rechts → *Zu den Favoriten meiner Seite hinzufügen*.

Eine weitere Folge dieser Vernetzung unter Seiten ist, dass, wenn Sie als Seite eingeloggt sind, die Beiträge der gelikten Seiten im Newsfeed auf der Startseite Ihrer Seitenidentität erscheinen. Auch dieser Newsfeed ist in *Hauptmeldungen* und *Neueste Meldungen* unterteilt und unterliegt denselben Filtern wie Ihr privater Newsfeed (s. Kapitel 6).

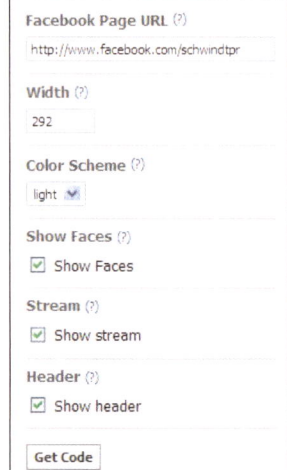

Facebook Page URL (?)

http://www.facebook.com/schwindtpr

Width (?)

292

Color Scheme (?)

light ▾

Show Faces (?)

☑ Show Faces

Stream (?)

☑ Show stream

Header (?)

☑ Show header

Get Code

254

Fanseiten mit Website oder Blog verbinden: Like-Box

Facebook stellt zur Vernetzung mit externen Seiten sogenannte *Social Plugins* zur Verfügung (siehe auch Kapitel 12). Die *Like*-Box ist eines davon. Sie dient zur Vernetzung Ihrer Website oder Ihres Blogs mit ihrer Fanseite.

Den Code für die *Like*-Box können Sie unter *Administrationsbereich* → *Verwalten* → *Seite bearbeiten* → *Hilfsmittel* → *Verwende Soziale Plugins* → *Like Box* erstellen. Sie haben dabei die Wahl, ob Sie die Variante *light* (weiß und hellblau) oder *dark* (schwarz) verwenden wollen. Sie können ebenfalls die Elemente der *Like*-Box aussuchen. Zur Verfügung stehen *header* (*Finde* und auf Facebook), *stream* (Feed der Beiträge der Seite ohne Interaktion) und *faces* (zeigt später besucherspezifisch eine Zufallsauswahl von Fans an).

Achtung

Deutsche Datenschützer sehen die Verwendung dieser Social Plugins kritisch, weshalb Sie bei Verwendung dieser Plugins das Impressum Ihrer Seite entsprechend ergänzen sollten (siehe z.B. *http://tinyurl.com/37t4sk3*). Eine eindeutige rechtliche Klärung steht dazu in Deutschland bislang aus.

Veranstaltungs-Livestream für Seiten verwenden

Eine andere Möglichkeit, Seiten extern einzubinden, ist die Livestream-Box für Veranstaltungen. Den Code dazu finden Sie unter *http://developers.facebook.com/docs/reference/plugins/live-stream* oder über *Seite bearbeiten → Hilfsmittel → Verwende Soziale Plugins → Live Stream*. Um diese Box nutzen zu können, müssen Sie auf Ihrer Fanseite eine Veranstaltung angelegt haben.

Über so eine Livestream-Box kann jeder Facebook-Nutzer in Echtzeit eine Veranstaltung kommentieren bzw. sich mit anderen Kommentierenden darüber wie in einem Chat unterhalten (je nachdem, ob er für alle sichtbar postet oder nicht). Eine Kopie seines Kommentars wird automatisch in seinem Profil gepostet und zum Livestream verlinkt. Andere sehen das in ihrem Newsfeed und klicken sich womöglich dazu.

Diese Option wird auch immer mehr von Fernsehsendern zur Begleitung beliebter Sendungen wie Fußballübertragungen, politischer Ereignisse oder großer Shows genutzt. Und natürlich von Facebook selbst zum Übertragen von Entwickler-Konferenzen und anderen Events, die auch später noch unter *http://www.facebook.com/FBLive* im Facebook Live-Tab verfügbar sind.

- Deine Einstellungen
- Genehmigungen verwalten
- Allgemeine Informationen
- Profilbild
- Empfohlen
- Hilfsmittel
- **Administratoren verwalten**
- Anwendungen
- Handy
- Statistiken
- Hilfe

Annette Schwindt   Entfernen

Entfernen

Gib einen Namen oder eine E-Mail ein …   Entfernen

Weiteren Administrator hinzufügen

Änderungen speichern   **Abbrechen**

Seiteninhaber:

1 empfohlener Seiteninhaber

Die Nutzerprofile von empfohlenen Seiteninhabern werden links auf deiner Seite angezeigt.

Empfohlene Seiteninhaber bearbeiten

Seiteninhaber

Annette Schwindt

Seiten verwalten

Die Verwaltung all Ihrer Fanseiten erfolgt über den Link *Seiten* in der linken Sidebar der Startseite (dieser Link existiert nur, wenn Sie auch mindestens eine Seite administrieren) oder über *http://www.facebook.com/bookmarks/pages*. Dort werden alle Seiten angezeigt, die Sie erstellt haben oder deren Admin Sie sind.

Von dort aus können Sie Ihre Seite(n) erreichen. Auf der jeweiligen Fanseite finden Sie die weitergehende Verwaltung unter *Administrationsbereich → Verwalten → Seite bearbeiten*.

Auf Ihrer Fanseite können Sie übrigens unter *Administrationsbereich → Verwalten → Seite bearbeiten → Administratoren verwalten* weitere Administratoren ernennen (das geht auch über die Liste der Fans) oder vorhandene entfernen. Unter *Administrationsbereich → Verwalten → Seite bearbeiten → Empfohlen* können Sie außerdem definieren, ob die Administratoren der Seite für Fans mit Link zu deren privatem Profil unten in der linken Spalte ihrer Fanseite sichtbar sein sollen.

Tipp

Es spricht für mehr Transparenz, wenn sich der Inhaber einer Seite auch als solcher zeigt. Sie können den *Info*-Bereich und die *Privatsphäre*-Einstellungen Ihres Profils ja entsprechend gestalten (Verweis auf die Fanseite, Möglichkeit, Privatnachrichten zu bekommen).

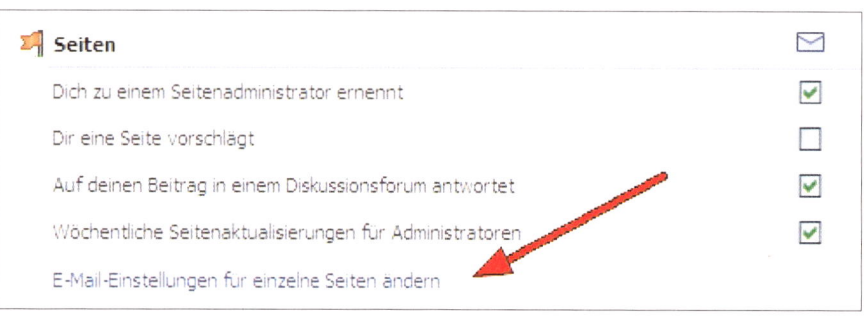

E-Mail-Benachrichtigungen:	☑ Benachrichtigungen an ~~email@web.de~~ schicken, wenn Nutzer Inhalte oder Kommentare auf deiner Seite posten.
	Alle E-Mail-Einstellungen für deine Seiten anzeigen.

🚩 Seiten ✉

Dich zu einem Seitenadministrator ernennt	☑
Dir eine Seite vorschlägt	☐
Auf deinen Beitrag in einem Diskussionsforum antwortet	☑
Wöchentliche Seitenaktualisierungen für Administratoren	☑
E-Mail-Einstellungen für einzelne Seiten ändern	

Benachrichtigungen für Fanseiten

Eine wichtige Verbesserung für Seitenbetreiber wurde Anfang 2011 mit dem neuen Layout für Fanseiten eingeführt: Benachrichtigungen.

Ist man als Seite eingeloggt, zeigt das Benachrichtigungssymbol im blauen Balken oben die neuesten Beiträge, Kommentare und Likes der Fans auf der Seite an. Diese werden auch im Administrationsbereich oben auf der Seite detaillierter angezeigt und sind einzeln anklickbar. Unter *Administrationsbereich → Verwalten → Seite bearbeiten → Deine Einstellungen → E-Mail-Benachrichtigungen* können Sie definieren, ob Sie zu jeder neuesten Aktivität eine E-Mail erhalten möchten. Bei Seiten mit viel Aktivität kann das aber ganz schön viel werden. Aber selbst wenn die Mail-Benachrichtigung abgestellt ist, werden die Aktivitäten ja weiter in Facebook angezeigt. Sie können auch externe Dienste wie z.B. *nutshellmail.com* damit beauftragen, in bestimmten Intervallen Mails mit einer Liste der Fanaktivitäten an Sie zu verschicken.

Tipp

Jeder Administrator kann die Benachrichtigungsfunktion individuell für sich einstellen. Wenn Sie mehrere Seiten verwalten, können Sie die Mail-Benachrichtigung auch zentral über *Kontoeinstellungen → Benachrichtigungen → Seiten → E-Mail-Einstellungen für einzelne Seiten ändern* einstellen.

Übersicht | „Gefällt mir"-Angaben | Reichweite | Personen, die darüber sprechen

Alle Datums- und Zeitangaben in Nordamerikanischer Westkustenzeit (PT)

⬆ Daten exportieren | ⚙ ▼

„Gefällt mir"-Angaben insgesamt? Freunde von Fans? | Personen, die darüber sprechen? | Wöchentliche Reichweite insgesamt?

7.375 ⬆1,08% | **1.785.964** ⬆0,97% | **309** ⬇-13,93% | **14.935** ⬇-10,84%

■ Beiträge? ■ Personen, die darüber sprechen? ■ Wöchentliche Reichweite insgesamt?

7. Apr | 14. Apr | 21. Apr

Seitenbeiträge (vor 3 Minuten aktualisiert)

Alle Beitragsarten ▼

Datum ? ▼	Beitrag ?	Reichweite ?	Eingebundene Nutzer ?	Personen, die darüber sprechen ?	Viralität ?
28.4.2012	📋 Welche Möglichkeiten bietet Facebo...	1.499	93	19	1,27%
28.4.2012	📋 Für alle, die iFrameWrapper für indi...	1.129	24	2	0,18%
28.4.2012	🖼 Wie finden Sie den neuen Look der ...	2.059	233	24	1,17%

Seiten-Statistiken einsehen

Die detaillierten Nutzungsstatistiken einer Seite können nur der Seitenersteller und sonstige Admins sehen. Die Besucher einer Seite können nur wenige allgemeine Werte einer Seitenstatistik über deren Tab *„Gefällt mir"-Angaben* einsehen. Die ausführlichen Statistiken sind nur für Administratoren über *Adminitrationsbereich → Statistiken → Alle anzeigen* zugänglich.

Zusätzlich können Sie sich auch eine wöchentliche Mail mit einer Zusammenfassung der wichtigsten Statistikmeldungen schicken lassen. Dazu müssen Sie nur unter *Kontoeinstellungen → Benachrichtigungen → Seiten → Bearbeiten → Wöchentliche Seitenaktualisierungen für Administratoren* ein Häkchen setzen und speichern.

In Ihren Seitenstatistiken können Sie sich über den Button *Daten exportieren* oben rechts Ihre Statistikwerte auch als Excel- oder .csv-Datei herunterladen.

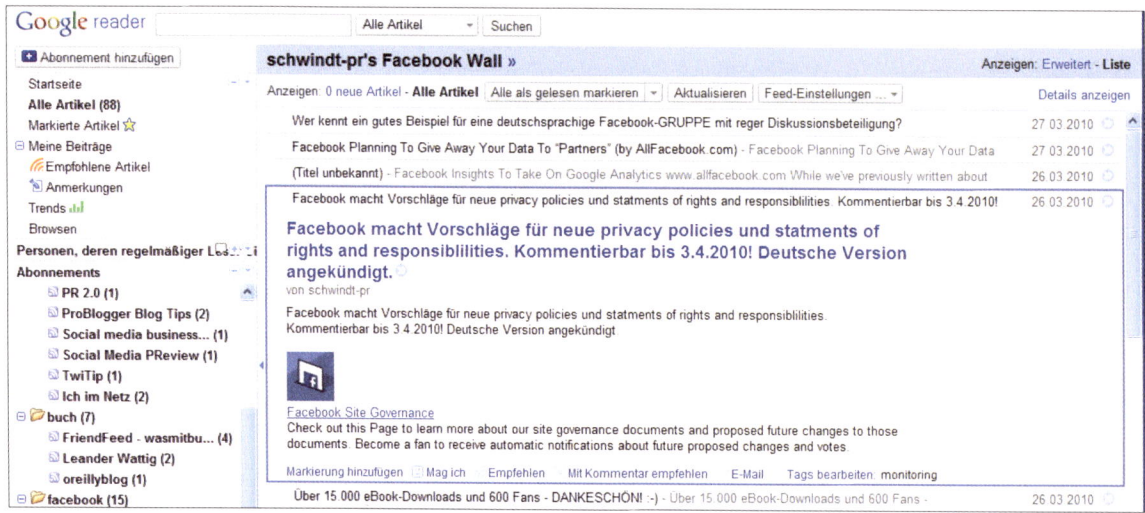

RSS-Feeds von Seiten

Sie können den Stream mit den Beiträgen der Seite (nicht der Fans) in der *Like-Box* sichtbar machen. Darüber hinaus gibt es die Möglichkeit, alle Beiträge der Seite per RSS-Feed extern sichtbar zu machen (ohne Beiträge von anderen und ohne Anzeige der Kommentare oder *Gefällt mir*-Bekundungen).

Der RSS-Feed für Fanseiten ist über folgende Links erreichbar:

http://www.facebook.com/feeds/page.php?format=atom10&id=SEITEN-ID

http://www.facebook.com/feeds/page.php?id=SEITEN-ID&format=rss20

Die ID finden Sie, wenn Sie z.B. das Profilbild Ihrer Seite anklicken und dann aus der Adresszeile die Zahl hinter dem letzten Punkt vor &type kopieren.

Tipp

Wenn Ihre Seite Ihr zentrales Instrument zum Publizieren von Neuigkeiten ist, können Sie den ersten RSS-Feed (Pinnwand-Beiträge) auch auf Ihrer Website als Newsfeed zur Verfügung stellen. Das ist besonders dann praktisch, wenn Ihre Website selbst kein RSS zur Verfügung stellt oder selbst keinen Newsbereich enthält. Mithilfe von externen Diensten (wie z.B. Feedburner, *http://feedburner.google.com*) können Sie diesen Feed auch per E-Mail abonnierbar machen.

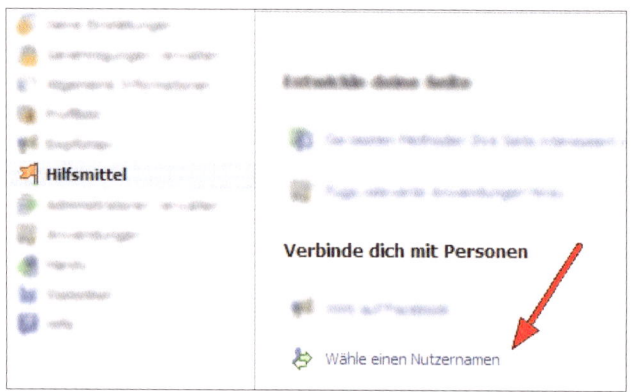

Jede Seite kann einen eigenen Nutzernamen haben

Leite jemanden ganz leicht auf deine Seite weiter, indem du einen Nutzernamen für die Seite festlegst. Sobald du einen Nutzernamen festgelegt hast, kannst du diesen nicht mehr bearbeiten oder übertragen.

Name der Seite: [   ] ▼   [Gib den gewünschten Nu]

[Verfügbarkeit prüfen]

Namensadresse für Seiten festlegen

Sobald 25 Personen oder mehr sich mit Ihrer Seite vernetzt haben, können Sie unter *http:// www.facebook.com/username* oder über *Administrationsbereich → Verwalten → Seite bearbeiten → Hilfsmittel → Wähle einen Nutzernamen* eine individuelle Namensadresse (von Facebook irreführenderweise *Nutzername* genannt) für Ihre Fanseite festlegen.

„Namensadresse" bedeutet hier, die individuelle Ergänzung zu *http://www.facebook.com/...*, wie z.B. die Namensadresse für meine Seite: *http://www.facebook.com/schwindtpr*. Dabei sind keine Umlaute oder Sonderzeichen, keine Binde- oder Unterstriche erlaubt. Sie können allerdings einen Punkt verwenden, z.B. *http://www.facebook.com/oreilly.de*. Ihre Namensadresse wird aber auch noch einmal für denselben Namen ohne Punkt vergeben. Angezeigt wird nachher immer die von Ihnen verwendete Schreibweise.

Sobald Sie die richtige Seite ausgewählt haben, können Sie den zu vergebenden Namenszusatz (also nur das, was nachher HINTER *facebook.com/* stehen soll!) in ein Formularfeld eingeben und dann überprüfen lassen, ob dieser Name noch frei ist. Wenn ja, können Sie ihn endgültig (und nicht mehr zu ändern oder zu tauschen!) vergeben. Stellen Sie also sicher, dass er keine Schreibfehler enthält und dass Sie wirklich diesen Namen benutzen wollen. Ihre alte Facebook-Adresse für die Seite bleibt weiter gültig, wird aber von nun an auf die Namensadresse umgeleitet.

Achtung

Selbst wenn Sie eine Seite löschen und noch einmal neu anlegen, wird die Namensadresse dadurch nicht wieder neu verfügbar! Weitere Infos zum Thema unter *http://www.facebook.com/help/pages/usernames*.

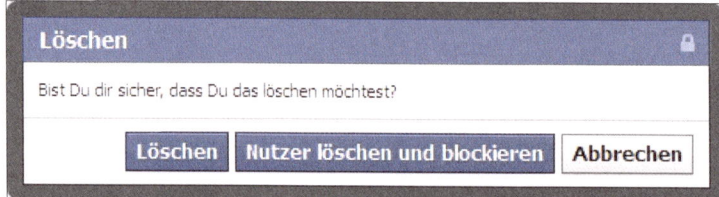

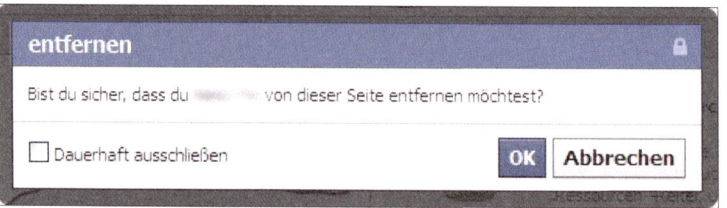

Andere von der Seite entfernen oder dauerhaft ausschließen

Leider hat das Betreiben von Seiten manchmal auch Schattenseiten. Nämlich dann, wenn sich Störenfriede (im Netzjargon „Trolle" genannt) einschleichen. Was tun Sie also, wenn ein vernünftiger Dialog mit einer bestimmten Person nicht mehr möglich ist?

Für diesen Fall hat Facebook die Option eingerichtet, die Vernetzung dieser Person mit Ihrer Seite zu entfernen oder diese sogar zu blocken. Klicken Sie bei einem der Beiträge oder Kommentare dieser Person auf Ihrer Seite auf das Kreuz, das beim Überfahren mit der Maus oben rechts erscheint, und wählen Sie *Löschen...* bzw. *Kommentar löschen...* Daraufhin erscheint das links oben abgebildete Pop-Up, das unter anderem den Button *Nutzer löschen und blockieren* enthält.

Haben Sie keinen Beitrag oder Kommentar der Person auf Ihrer Seite greifbar, dann können Sie sie auch in der Fanliste suchen (*Administrationsbereich → Neue „Gefällt mir"-Angaben → Alle anzeigen*) und sie dort über das Kreuz hinter dem Namen entweder von der Seite entfernen oder auch blocken (*dauerhaft ausschließen*), siehe Abbildung links unten.

Achtung

Die Beiträge dieser Person werden durch das Löschen oder dauerhafte Ausschließen nicht automatisch auch entfernt!

Seite löschen: Diese Seite dauerhaft löschen

Änderungen speichern   **Abbrechen**

Seite löschen?

Das Löschen einer Seite ist endgültig.

Wenn du eine Seite einmal löschst, kannst du sie nicht wiederherstellen.

Bist du dir sicher, dass du ▒▒▒▒▒ löschen möchtest?

Löschen   **Abbrechen**

Fanseiten löschen

Möchten Sie eine von Ihnen erstellte Fanseite endgültig und unwiderruflich von Facebook entfernen oder werden Sie als Admin von einem Seitenersteller aufgefordert, seine Seite zu löschen, so können Sie dies unter *Administrationsbereich → Verwalten → Seite bearbeiten → Genehmigungen verwalten → Diese Seite dauerhaft löschen* tun.

Sollte eine Seite versehentlich gelöscht worden sein oder sonstige Probleme haben, können Sie dies über *http://www.facebook.com/help/contact.php?show_form=pages_bug* an Facebook melden.

Achtung

Die Seite wird mit dem oben beschriebenen Vorgehen mitsamt den Vernetzungen zu anderen Personen, Beiträgen und Administratoren endgültig von Facebook gelöscht und kann nicht wiederhergestellt werden! Sollten Sie eine Namensadresse für diese Seite vergeben haben, wird diese durch das Löschen nicht erneut verfügbar, sondern bleibt gesperrt!

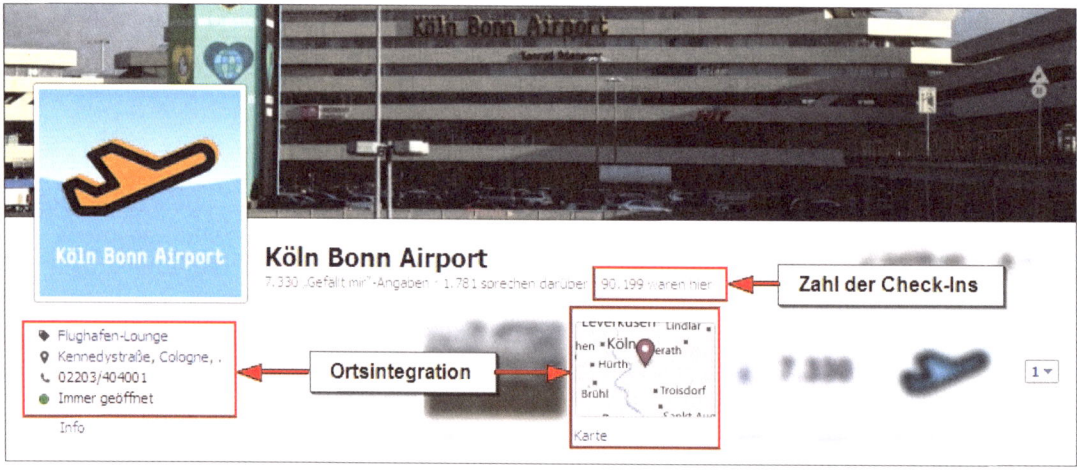

Köln Bonn Airport

7.330 „Gefällt mir"-Angaben · 1.781 sprechen darüber · 90.199 waren hier

Zahl der Check-Ins

Flughafen-Lounge
Kennedystraße, Cologne, .
02203/404001
Immer geöffnet

Info

Ortsintegration

Karte

Ortsseiten (Places)

Zu Ihren Status-Updates können Sie auch angeben, wo Sie sich befinden (und gegebenenfalls, wer noch mit dabei ist). Dieser sogenannte Check-in funktioniert über das Standortsymbol im Herausgeber bzw. mobil über *Wo bist du?*. Hier können Sie sehen, wo Ihre Freunde eingecheckt haben, und selbst angeben, wo Sie sich befinden. Ist der passende Ort noch nicht in der Auswahlliste vorhanden, können Sie ihn über *Hinzufügen* auch selbst einrichten. Wenn Sie eine passendes Status-Update dazu eingegeben haben und *Ich bin hier* anklicken, erscheint dieses Posting in Ihrem Profil und auch auf der Ortsseite, mit der es automatisch verlinkt wird.

Ortsseiten, die sich auf Unternehmen beziehen, können von deren Inhabern beansprucht und, wenn gewünscht, auch mit deren Fanseite zusammengeführt werden. Letzteres macht aber nur Sinn, wenn andere hier regelmäßig einchecken.

Seit Ende März 2011 kann man Orte auch ganz einfach in seine Fanseite integrieren, indem man die Adresse (Straße, Hausnummer, Postleitzahl und Stadt) in die dafür vorgesehenen Felder im Info-Reiter eingibt. Man kann sie auch nachträglich ändern oder löschen (und damit Places wieder von der Fanseite entfernen).

Tipp

Eine Integration des Ortes in Ihre Facebook-Seite macht nur dann Sinn, wenn es an diesem Ort auch Kundenverkehr gibt, es also regelmäßig Anlass zum Einchecken gibt. Ist dies nicht der Fall, steht nachher auf der Seite beispielsweise „600 gefällt das, 1 war hier", und das macht keinen guten Eindruck. Überlegen Sie sich also, ob eine Ortsintegration überhaupt notwendig ist.

schwindt-pr
Unternehmen

Profil

Ähnliche Beiträge

16
Personen gefällt das

2 Freunden gefällt das

Zu den Favoriten meiner Seite hinzufügen

Freunden vorschlagen

Gefällt mir nicht mehr

Seite erstellen

Seite melden

Ist das deine Seite?

Teilen

schwindt-pr
Unternehmen

Ähnliche Beiträge von Freunden

 ▶ **schwindt-pr**

Ähm, hat das einen Grund, warum ich den Beitrag "Unterscheidung Konto - Profil - Startseite (mit
Newsfeed - und was ist das überhaupt?)" nicht kommentieren kann? Da fehlt bei mir das Feld "schreibe einen Kommentar". Bei allen anderen Beiträgen ist es da.

Samstag um 01:00 · Gefällt mir · Kommentieren

> **schwindt-pr** Also ich sehe da bereits mehrere Gefällt mir und einen Kommentar, unter dem ich auch antworten kann.
> Samstag um 11:05 · Gefällt mir

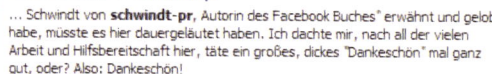
Schreibe einen Kommentar ...

▶ **schwindt-pr**

... Schwindt von **schwindt-pr**, Autorin des Facebook Buches" erwähnt und gelobt habe, müsste es hier dauergeläutet haben. Ich dachte mir, nach all der vielen Arbeit und Hilfsbereitschaft hier, täte ein großes, dickes "Dankeschön" mal ganz gut, oder? Also: Dankeschön!

18. November um 15:26 · Gefällt mir nicht mehr · Kommentieren

 Dir und Alex gefällt das.

> **schwindt-pr** Ich habe zu danken! :-) Ohne die Fans hier ginge das ja alles nicht (und ich hätte das Ganze längst geschmissen)!
> 18. November um 15:30 · Gefällt mir · 1 Person

Schreibe einen Kommentar ...

 ▶ **schwindt-pr**

immer wieder was neues. wie kann ich die funktion aktivieren unter meinem profiL. "Via SMS abonnieren" ??

Gemeinschaftsseiten

Begriffe, die man im *Info*-Reiter in sein Profil eingibt und für die es noch keine offiziellen Seiten (Fanseiten) gibt, führen zu automatisch generierten Gemeinschaftsseiten zu diesem Thema. Damit sollen Nutzer mit gleichen Interessen die Möglichkeit erhalten, sich mit Gleichgesinnten zu vernetzen. Diese Seiten sind also keine Fanseiten!

Auf den daraus entstehenden Gemeinschaftsseiten kann man allerdings nicht direkt posten, nur liken und kommentieren. Diese Seiten funktionieren nämlich wie ein persönlicher Newsfeed zu diesem Thema. Das heißt, Postings mit dem entsprechenden Schlüsselbegriff erscheinen dort gemäß den *Sichtbarkeit*-Einstellungen des Originalpostings automatisch in Kopie. Man sieht dort also nur Beiträge, die man ohnehin woanders sehen könnte (also die von Freunden und öffentliche), allerdings eben thematisch sortiert.

Manche Gemeinschaftsseiten haben Reiter, in denen der Wikipedia-Eintrag zum betreffenden Seitentitel wiedergegeben wird.

Mehr zum Thema Gemeinschaftsseiten finden Sie unter *http://www.facebook.com/help/search/?q=Gemeinschaftsseiten.*

Überzählige Gemeinschaftsseiten kann man als Duplikat melden, sie werden dann von Facebook wieder gelöscht. Mehr dazu unter *http://t.co/BIA16mz.*

KAPITEL 11 | Facebook mobil benutzen

Natürlich können Sie Facebook auch auf Ihrem Smartphone oder Tablet nutzen. Unter *http://www.facebook.com/mobile* finden Sie die direkten Links zu den passenden Facebook Apps:

- iPhone und iPad: *http://itunes.apple.com/app/facebook/id284882215*
- Android: *http://play.google.com/store/apps/details?id=com.facebook.katana*

Die Facebook-App beinhaltet die meisten, aber nicht alle Funktionen der Desktop-Version. Inzwischen ist es auch möglich, Seiten darüber zu verwalten. Die komplette Funktionalität bietet aber nur die Desktop-Variante (zu der man umschalten kann). Oder Sie nutzen Facebook anstatt über die App über den Browser Ihres Smartphones.

Die auf den folgenden Seiten abgebildeten Screenshots zeigen jeweils links die iPad-Version und rechts die Android-Version. Das Chronik-Layout war bis zur Drucklegung dieses Buches nur für Profile in der Android-Version verfügbar. Facebook hat angekündigt, das Chronik-Layout für Seiten noch 2012 verfügbar zu machen.

Tipp

Alternativ zur Facebook-App gibt es noch den *Messenger*. Dieser ist verfügbar für iPhone, Android und Blackberry. Der Messenger entspricht der mobilen Nachrichten- bzw. Chatfunktion von Facebook (wie sie auch in der normalen App existiert, aber eben isoliert von den sonstigen Funktionen). Dabei ist auch die Angabe des Standorts möglich. Mehr zum Messenger erfahren Sie unter *http://www.facebook.com/help/?page=251772538174513*.

In Facebook mobil an- und abmelden

Wenn Sie die App heruntergeladen haben, können Sie sich mit Ihren üblichen Zugangsdaten in Facebook anmelden. Dabei werden Sie gefragt, ob Sie Ihre Kontakte auf dem Mobilgerät mit Facebook synchronisieren wollen. Hier gelten die schon zu Anfang dieses Buches geäußerten datenschutzrechtlichen Bedenken. Daher sollten Sie am besten *Nicht synchronisieren* auswählen und über *Fertig* die mobile Facebook-Plattform betreten.

Abmelden können Sie sich aus der Facebook-App für iPhone/iPad über *Einstellungen → Abmelden*, in der Android-App über *Konto → Abmelden*.

Tipp

Wenn Sie in der Android-App angemeldet bleiben wollen, Ihr Gerät aber vor dem Zugriff von Unbefugten schützen wollen, können Sie das mit einem Sicherheitscode tun. Dazu gehen Sie im Menü auf *Konto* und wählen dort *Codegenerator* aus und folgen den dort angegebenen Schritten.

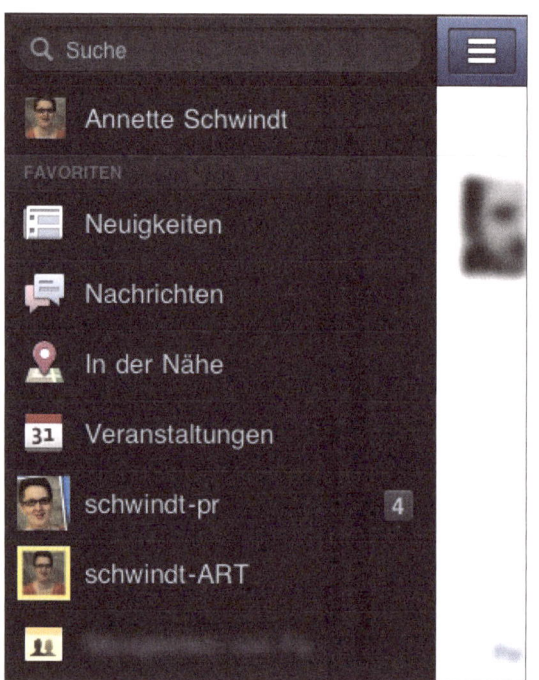

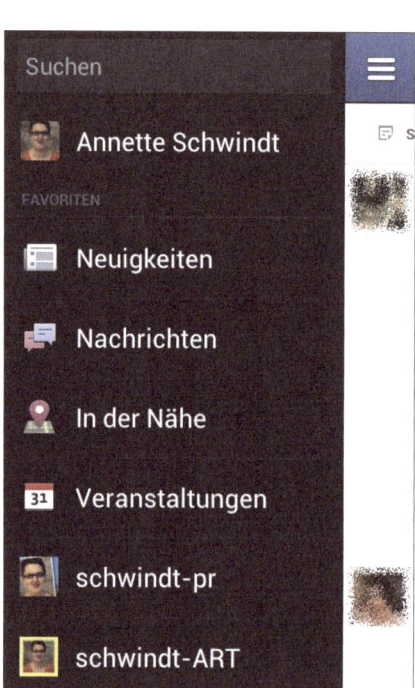

Die mobile Navigation

Die Menüführung in den Facebook-Apps wurde inzwischen weitestgehend vereinheitlicht und erinnert stark an die Navigation in der Desktop-Version. Die Hauptnavigation entspricht der linken Spalte der Desktop-Startseite. In der Facebook-App ist sie dunkelgrau und von überall her über den Button mit den drei Strichen oben in blauen Balken zu erreichen.

Sie enthält dieselben Links wie die linke Startseiten-Spalte der Desktop-Version plus die Links, die in der Desktop-Version nur oben rechts über den dortigen Pfeil im blauen Balken zu erreichen sind (Kontoeinstellungen etc.). Die Reihenfolge Ihrer Favoriten wird auch übernommen.

Wie auch in der Desktopversion können Sie Ihren allgemeinen Newsfeed nach *Hauptmeldungen* oder *Neueste Meldungen* anzeigen lassen. In der iPhone/iPad-App müssen Sie dazu unter *Neuigkeiten* auf *Sortieren* oben rechts im blauen Balken klicken. In der Android-App ist der Button an derselben Stelle, zeigt jedoch ein Icon.

Was es in der App nicht gibt, ist der Login-Switch zwischen der Identität als Person und der als Seite (siehe Kapitel 10). Sobald Sie Administrator einer Seite sind, agieren Sie in der App immer als Seite, sobald Sie sich auf dieser befinden oder mit einem ihrer Beiträge interagieren.

Während es in der Android-App eine eigene Menü-Rubrik für Seiten gibt, fehlt diese in der iPhone-/iPad-App. Wenn Sie Ihre Seiten also nicht als Favorit abgelegt haben, müssen Sie diese über die Suche ansteuern.

Beide Apps haben am Ende des Menüs einen Link zum Hilfebereich. Unter *Konto* in der Android-App erreichen Sie jedoch weitaus mehr Einstellungsmöglichkeiten als über *Einstellungen* in der App für iPhone/iPad.

Analog zur Desktop-Version haben Sie in der App auch die drei Symbole für Freundschaftsanfragen, Nachrichten und Benachrichtigungen oben im blauen Balken.

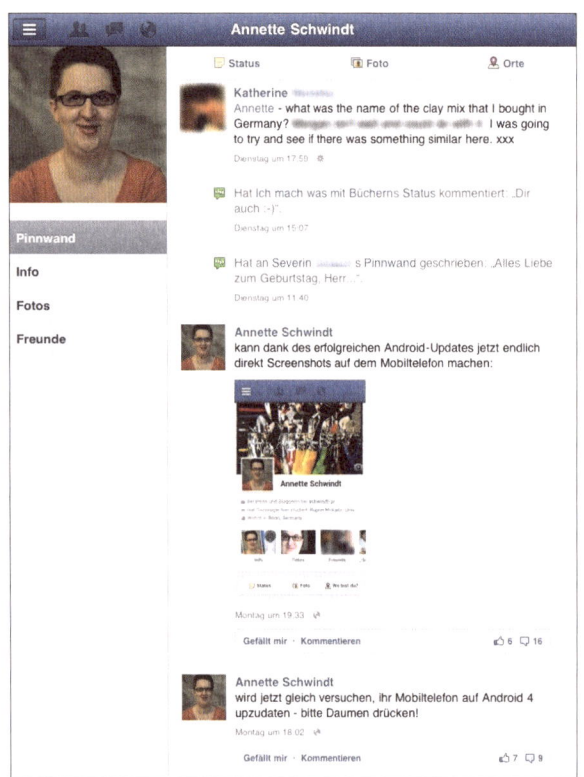

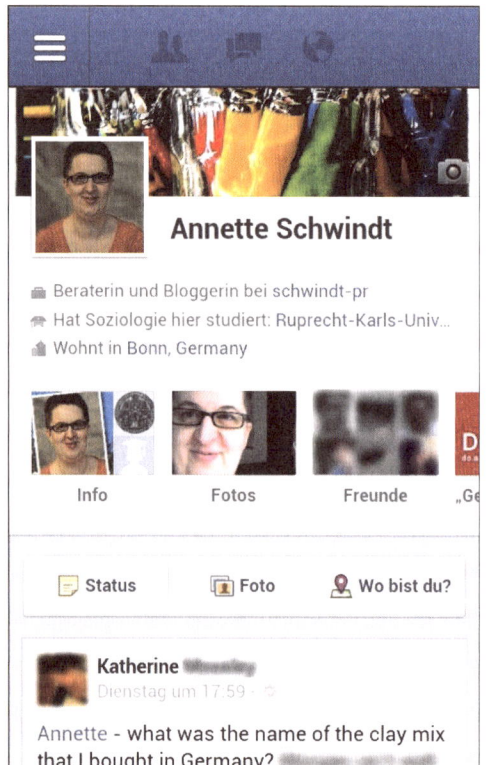

Ihr Profil

Zu Ihrem Profil gelangen Sie über Ihren Namen im Menü ganz oben unter der Suche, zurück zum Menü wie schon gesagt über den Button mit den drei Strichen.

In der Android-App ist dabei das Chronik-Layout bereits angekommen, wird allerdings einspaltig angezeigt. Die Boxen der facebookeigenen Tabs im Kopfbereich lassen sich per Wischen zur Seite verschieben. Die Nicht-Facebook-Tabs (von sonstigen Anwendungen) werden nicht angezeigt.

In der iPhone-/iPad-App sehen Sie noch das alte mobile Layout mit *Pinnwand, Info, Fotos, Freunde* in der linken Spalte.

In beiden Apps sehen Sie in Ihrem Profil oben die Buttons *Status, Foto, Orte* bzw. *Wo bist du?* zum Veröffentlichen neuer Beiträge. Mehr dazu gleich.

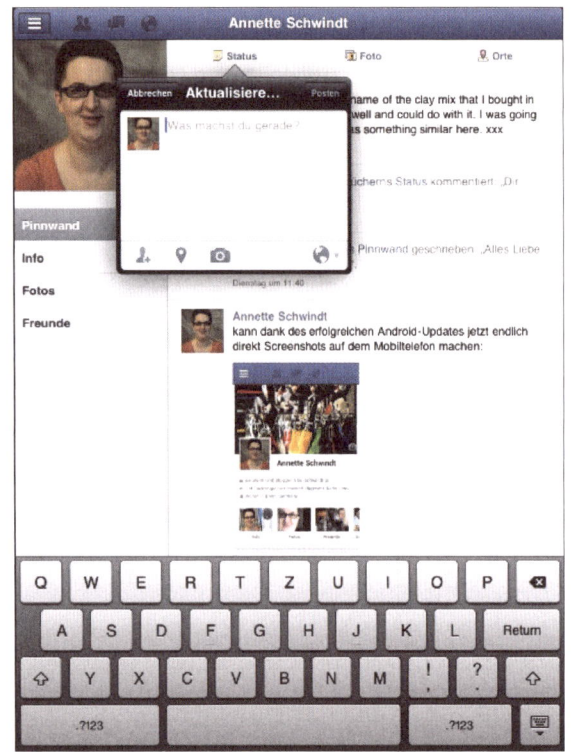

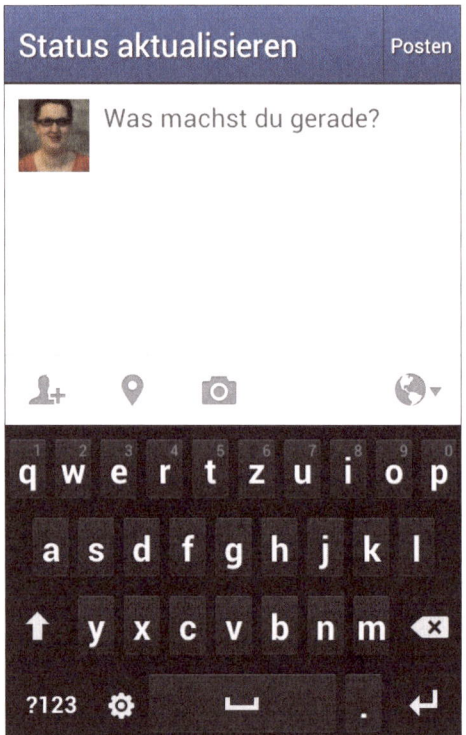

Beiträge veröffentlichen

Über die Buttons *Status*, *Foto*, *Orte* und *Wo bist du?* in Ihrem Profil bzw. auf der Startseite können Sie neue Beiträge veröffentlichen. In Profilen von anderen, auf Seiten und in Gruppen sehen Sie stattdessen die Buttons *Beitrag verfassen* und *Foto teilen*.

Der *Status*-Button beinhaltet bereits die Option zum Hochladen von Fotos und zum Angeben des Standorts. Über den Foto-Button können Sie entweder direkt ein Foto oder Video aufnehmen oder ein bestehendes von Ihrem Gerät hochladen. Über den Standort-Button können Sie an dem Ort, an dem Sie sich gerade befinden, einchecken (siehe Kapitel 10).

Außerdem enthält der *Status*-Button zwei weitere Optionen: den Kopf mit dem Pluszeichen zum Markieren von Personen, die sich gerade bei Ihnen befinden, und rechts unten das Sichtbarkeits-Icon zum Einstellen der Privatsphäre des Beitrags, den Sie veröffentlichen wollen. Hier fehlt allerdings die Option *Benutzerdefiniert*. Sie haben also nur die Optionen *Alle*, *Freunde*, *Nur ich* und – falls Sie in der Desktopversion unter *Standardeinstellung für deine Privatsphäre* etwas Benutzerdefiniertes eingegeben haben – auch diese Option sowie Ihre *Freundeslisten*. Über *Posten* wird der Beitrag dann veröffentlicht.

In der Android-App haben Sie auch die Möglichkeit, im Text selbst die @mention-Funktion zu verwenden. In der iPhone-/iPad-App ist das bislang nicht möglich.

Tipp

In der iPad-App kann man eigene Beiträge oder Beiträge von anderen im eigenen Profil/auf den eigenen Seiten löschen, indem man im betreffenden Beitrag nach links wischt und den daraufhin erscheinenden roten Button anklickt. In der Android-App fehlt diese Option bislang.

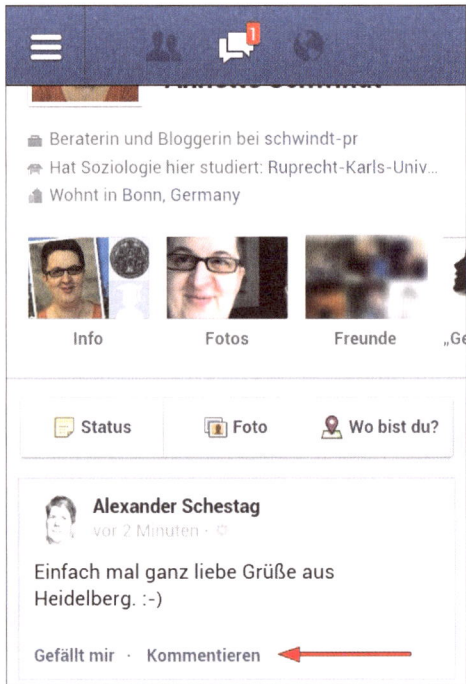

Kommentieren und „Gefällt mir" bekunden

Unter jedem Beitrag in Profilen, Gruppen und Seiten sehen Sie die aus der Desktop-Version bekannten Links zum Kommentieren und „Gefällt mir" bekunden. Einzige Ausnahme ist die Anzeige von Seiten in der iPhone-/iPad-App. Dort wird neben dem Beitrag ein blauer Button mit einem Pluszeichen angezeigt, wenn ein Beitrag noch keine Interaktionen bekommen hat. Erst wenn er Kommentare oder Likes hat, werden diese darunter angezeigt.

Der Link zum Teilen von Beiträgen fehlt leider bislang in beiden App-Versionen.

Nur Android: Beitragsfilter auf Seiten

Eine praktische Besonderheit der Facebook-App für Android ist der Filter auf Facebook-Seiten: Damit können Sie sich entweder *Alle* Beiträge einer Seite (also die der Seite plus die der anderen) oder nur die Beiträge der Seite selbst über *Seitenname* anzeigen lassen.

In der App für iPhone/iPad fehlt dieser Filter bislang. Es ist aber anzunehmen, dass mit den angekündigten Verbesserungen im Lauf des Jahres 2012 auch dieses Feature übernommen wird.

Push-Benachrichtigungen einstellen

Zusätzlich zu den schon bekannten Benachrichtigungen in Facebook und per E-Mail (siehe Kapitel 8) können Sie für die moblie Nutzung sogenannte Push-Benachrichtigungen einstellen. Damit können Sie sich via Klingelton und/oder Vibration benachrichtigen lassen, wenn es etwas Neues in Ihrem Facebook-Konto gibt. Sie haben detaillierte Einstellungsmöglichkeiten, zu welchen Aktivitäten Sie informiert werden wollen und wann nicht:

- Nachrichten
- Pinnwandeinträge
- Kommentare
- Freundschaftsanfragen
- Freundschaftsbestätigungen
- Fotomarkierungen
- Veranstaltungen
- Freunde in der Nähe
- Anwendungsanfragen
- Orte-Markierungen (nicht in Android)

In der Facebook-App für iPhone/iPad finden Sie diese Optionen in den generellen *Einstellungen* unter *Facebook*. In der App für Android finden Sie sie bei geöffneter App über Menütaste → *Einstellungen*.

KAPITEL 12 | Sonstiges

Wenn Sie dieses Buch bis hierher durchgelesen haben, sind Sie bereits über die wichtigsten Funktionen von Facebook informiert. Nun möchte ich Ihnen gerne ein paar Möglichkeiten vorstellen, die thematisch nicht in die vorhergehenden Kapitel gepasst haben. Ob die Namensadresse für Ihr Profil oder Social Plugins für Ihre Fanseite – die hier vorgestellten Funktionen werden Sie nicht unbedingt brauchen, sie können aber durchaus nützlich sein.

294

facebook | Suche | Startseite Profil Freunde finden Konto ▼

Jetzt kannst du einen Nutzernamen für dein Profil auf Facebook anfordern

Mit einem Facebook-Nutzernamen können deine Freunde, Familienangehörigen und Kollegen dein Profil ganz einfach finden. Hier sind einige Vorschläge, du kannst aber auch deinen eigenen Nutzernamen eingeben. Nachdem du den Nutzernamen festgelegt hast, kannst du ihn nicht mehr bearbeiten oder übertragen.

- ⦿ susanne.gerbert
- ◯ susanne.gerbert1
- ◯ sgerbert
- ◯ sgerbert1

▼ **Mehr**

facebook.com/susanne.gerbert

[Verfügbarkeit prüfen]

Erfahre mehr über Facebook-Nutzernamen.

Facebook © 2010 Deutsch   Über uns Werbung Entwickler Karrieren Impressum/Nutzungsbedingungen • Freunde finden Datenschutz Handy Hilfebereich

Namensadressen für Profile einrichten

Genau wie für Seiten (s. Seite 267) können Sie auch für Profile direkt in Facebook eine Namensadresse anlegen (die von Facebook irreführenderweise *Nutzername* genannt wird). Auch dies funktioniert über den Link *http://www.facebook.com/username*, in diesem Fall allerdings über den oberen Link. Auch hier muss der zu vergebende Nutzername eingegeben werden, der nachher hinter facebook.com/ stehen soll.

Auch in diesem Fall sind keine Umlaute oder Sonderzeichen, keine Binde- oder Unterstriche erlaubt. Sie können einen Punkt, z.B. *http://www.facebook.com/ihr.name*, und auch Großbuchstaben verwenden. Ihre Namensadresse wird dann aber auch noch einmal für denselben Namen in Kleinschreibung bzw. ohne Punkt vergeben. Angezeigt wird nachher immer die von Ihnen verwendete Schreibweise.

Auch hier bleibt Ihre alte Facebook-Adresse für Ihr Profil weiter gültig, wird aber von nun an auf die Namensadresse umgeleitet.

Tipp

Achten Sie bei der Vergabe einer Namensadresse für Ihr Profil darauf, ob Sie diesen Namen nicht vielleicht später für eine Seite brauchen (z.B. bei Künstlern). Anders als bei Seiten können Sie den Nutzernamen für ein Profil später zwar noch einmal unter *Pfeil → Kontoeinstellungen → Einstellungen → Nutzername* ändern. Allerdings nur ein einziges Mal! Und die alte Namensadresse wird dadurch nicht wieder verfügbar! Im Mai 2012 hat Facebook außerdem begonnen, Namensadressen für Profile automatisch zu vergeben.

Social Plugins

Social plugins let you see what your friends have liked, commented on or shared on sites across the web.

Like Button

The Like button lets users share pages from your site back to their Facebook profile with one click.

Send Button

The Send button allows your users to easily send your content to their friends.

Subscribe Button

The Subscribe button allows people to subscribe to other Facebook users directly from your site.

Comments

The Comments plugin lets users comment on any piece of content on your site.

Activity Feed

The Activity Feed plugin shows users what their friends are doing on your site through likes and comments.

Recommendations

The Recommendations plugin gives users personalized suggestions for pages on your site they might like.

Like Box

The Like Box enables users to like your Facebook Page and view its stream directly from your website.

Login Button

The Login Button shows profile pictures of the user's friends who have already signed up for your site in addition to a login button.

Registration

The registration plugin allows users to easily sign up for your website with their Facebook account.

Facepile

The Facepile plugin displays the Facebook profile pictures of users who have liked your page or have signed up for your site.

Live Stream

The Live Stream plugin lets your users share activity and comments in real-time as they interact during a live event.

Social Plugins zur Vernetzung mit Facebook

Seit Ende April 2010 gibt es die „Social Plugins". Das sind Buttons und Widgets von Facebook, die man auf der eigenen Website oder Blog per iframe oder XHTML-Code einfügen kann, um diese Präsenzen mit Facebook zu vernetzen.

Die Social Plugins, die Sie unter *https://developers.facebook.com/docs/plugins* finden, sind:

- Like- und Send-Button (Buttons zum Weitersagen von externen Inhalten nach Facebook – siehe auch Seite 299 zum Anschluss des Like-Buttons an den Open Graph und vgl. Share-Button Seite 309)
- Subscribe-Button (mehr dazu gleich)
- Comments (Facebook-Kommentarfunktion für externe Websites)
- Activity Feed (zeigt bei gleichzeitigem Eingeloggtsein in Facebook an, welche Aktionen – wie Kommentare oder Gefällt mir-Bekundungen – Freunde bereits auf dieser Seite vorgenommen haben)
- Recommendations (Widget, das anzeigt, wie oft, und welche Inhalte der betreffenden Domain auf Facebook weitergesagt wurden – wenn Sie gleichzeitig auf Facebook eingeloggt sind, zeigt es auch, welche Ihrer Freunde unter den Weitersagenden waren)
- Like-Box (siehe Seite 255)
- Login Button
- Registration
- Facepile (zeigt die Profilbilder Ihrer Freunde, die sich bereits auf dieser Seite angemeldet haben)
- Livestream (s. Seite 257)

Tipp

Datenschützer sehen diese Plugins kritisch. Was Sie beim Verwenden des Plugins in Ihrem Impressum berücksichtigen sollten, können Sie unter *http://tinyurl.com/3.7t4sk3* nachlesen. Der für den Like-Button verwendete Code kann theoretisch auch manipuliert werden, um völlig andere (ggf. bösartige) Inhalte zu verbreiten, statt das wofür der Like-Button steht. Man sollte ihn also nur auf Seiten anklicken, denen man vertraut.

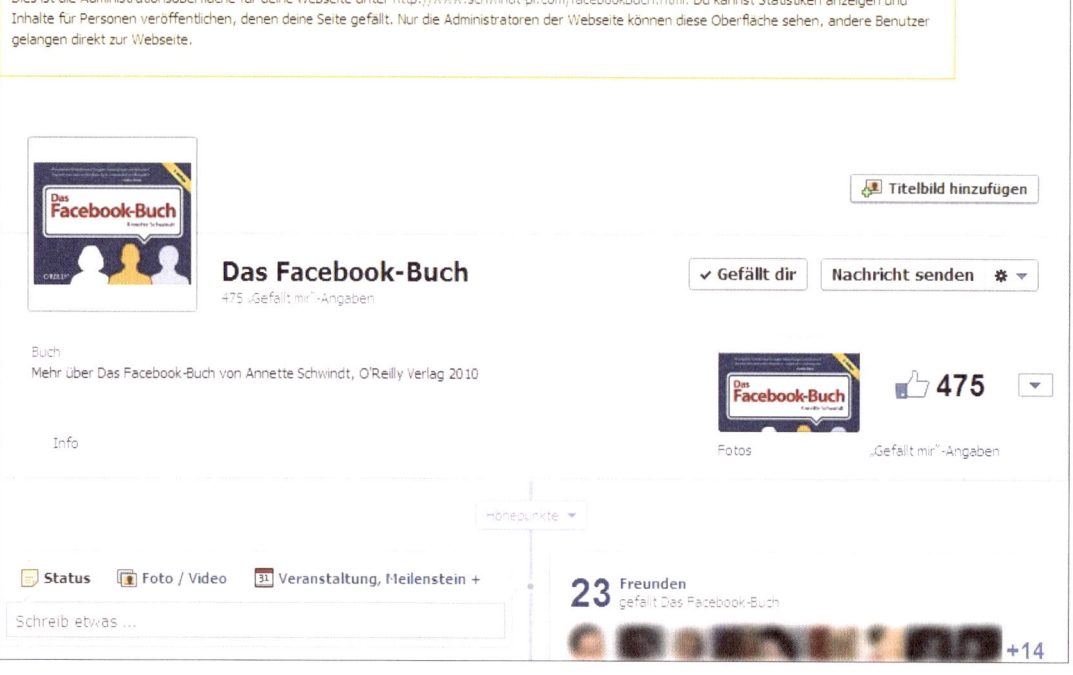

Mit dem Like-Button Teil des Facebook-Universums werden

Wenn man den unter *http://developers.facebook.com/docs/reference/plugins/like* angebotenen Code ohne weitere Metatags (Open Graph Tags) verwendet, greift Facebook automatisch auf Informationen von Besuchern dieser Website zu, egal ob sie den Button nutzen oder nicht. Registriert wird, ob derjenige gleichzeitig in Facebook eingeloggt ist und wenn ja, welche seiner Freunde die Seite, auf der er sich gerade befindet, auch schon geliket haben. (Dies ist datenschutzrechtlich umstritten, weshalb deutsche Websitebetreiber lieber den Sharebutton verwenden oder wenigstens die unter *http://tinyurl.com/37t4sk3* aufgeführten Datenschutzhinweise berücksichtigen sollten.)

Fügen Sie der Webpage, auf der Sie einen Like-Button verwenden möchten, außerdem bestimmte Open Graph Tags hinzu, wird diese Webpage an das Facebook-Universum angeschlossen. Das bedeutet:

- Wer den Like-Button anklickt, empfiehlt damit die betreffende Webpage nicht nur über sein Profil (und damit in den Newsstream seiner Freunde) weiter, sondern bekommt außerdem einen permanenten Eintrag dazu in seinem Info-Reiter.
- Gleichzeitig entsteht ein gleichlautender Sucheintrag in Facebook.
- Wurde den Metatags außerdem der Admin-Tag hinzugefügt und hat der Websitebetreiber auch gleich seinen Button angeklickt, so entsteht in seinem Facebook-Account eine unsichtbare Fanseite zu diesem Button. Über diese versteckte Fanseite kann er künftig direkt in den Facebook-Newsstream all derer posten, die auch diesen Button angeklickt haben.
- Die so entstehenden Links im Info-Reiter, Sucheintrag und Newsstream führen alle außer dem/den Admin/s raus aus Facebook und zurück auf die Webpage, auf der sich der Like-Button befindet. Admins werden auf die versteckte Fanseite geleitet.
- Es ist also nur dann sinnvoll, den Admin-Tag zu den Metatags der Webpage hinzuzufügen, wenn Sie auch wirklich eine versteckte Fanseite kreieren wollen, wenn es also laufende Updates zum Thema gibt. Mehr dazu unter *http://www.schwindt-pr.com/likebutton.pdf.*

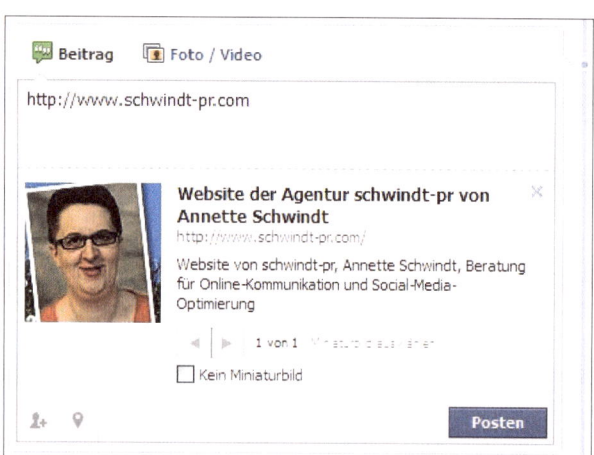

Websites/Blogs für das Weitersagen optimieren

Wie auf Seite 93 beschrieben, stellt Facebook beim Verlinken von anderen Websites/Blogs in der Regel nicht nur den Textlink, sondern auch Inhalte des verlinkten Ortes als Anhang dar. Dies macht weitergesagte Postings auf Facebook so attraktiv.

Welche Inhalte (Seitentitel, Text, Miniaturbild) Facebook hierfür importiert, können Sie den ohnehin schon vorhandenen Seiteninhalten überlassen oder aktiv über Meta-Tags im Head des Quelltextes Ihrer Website bzw. Ihres Blogs steuern. Fügen Sie dazu folgende Zeilen im Head-Bereich Ihres Quelltextes hinzu und füllen Sie sie wie links im Beispiel gezeigt aus.

```
<meta name="title" content="ÜBERSCHRIFT">
<meta name="description" content="BESCHREIBUNGSTEXT">
<link rel="image_src" href="BILDURL">
```

Tipp

Das Bild, das Sie im Anhang erscheinen lassen wollen, muss bereits irgendwo online sein. Geben Sie die komplette URL (mit http://) dafür an. Achten Sie außerdem darauf, dass Sie innerhalb der Überschrift bzw. des Beschreibungstexts keine weiteren Anführungszeichen verwenden. (Sie können aber stattdessen einen Apostroph nehmen.)

Weitere Tipps erhalten Sie auf *http://developers.facebook.com/docs/opengraph*.

Lade deine Informationen herunter

Erhalte eine Kopie von den Dingen, die du auf Facebook geteilt hast.

Du kannst ganz einfach ein persönliches Archiv deiner Facebook-Fotos, Beiträge und Nachrichten herunterladen und durchstöbern. Erfahre mehr about downloading a copy of your information.

Mein Archiv aufbauen

Was befindet sich in deinem Archiv?
- Fotos oder Videos, die du auf Facebook geteilt hast
- Deine Pinnwandeinträge, Nachrichten und Chatunterhaltungen
- Namen deiner Freunde und einige ihrer E-Mail-Adressen

Hinweis: Wir werden ausschließlich E-Mail-Adressen von Freunden einbeziehen, die dieses in ihren Kontoeinstellungen gestattet haben.

Was befindet sich nicht in deinem Archiv?
- Fotos und Statusmeldungen deiner Freunde
- Persönliche Informationen von anderen Personen
- Kommentare, die du zu Beiträgen anderer Personen hinterlassen hast

Du kannst auch ein erweitertes Archiv herunterladen, um den Verlauf deines Kontos nachzuvollziehen. Enthaltene Informationen

Achtung: Schütze dein Archiv

Dein Facebook-Archiv enthält vertrauliche Informationen, wie z.B. deine eigenen Pinnwand-Beiträge, Fotos und Profilinformationen. Denke daran, wenn du dein Archiv speicherst oder verschickst.

Ihre Facebook-Informationen herunterladen

Unter *Kontoeinstellungen → Lade eine Kopie deiner Facebook-Daten herunter* können Sie sich alle Daten bereitstellen lassen, die Sie über Ihr Facebook-Profil geteilt haben. Wenn Sie den grünen Button *Mein Archiv aufbauen* anklicken, beginnt Facebook, Ihnen Ihre Daten zusammenzustellen. Sobald dies erledigt ist, erhalten Sie eine E-Mail mit dem Download-Link für eine zip-Datei. Darin enthalten sind Ihre Konto- und Profilinformationen, Ihre Beiträge, Fotos und Videos. Das Ganze kann über eine HTML-Index-Datei über Ihren Browser betrachtet werden.

Für Seiten gibt es bislang leider keine entsprechende Funktion.

304

Facebook aus anderen Clients nutzen

Wie bereits erwähnt, können Sie Ihren Facebook-Status per Twitter updaten (s. Seite 147) oder aus anderen Diensten nach Facebook posten.

Beispiele hierfür sind:

• Instagram *http://instagr.am/*
• Flipboard (iPad-App)
• Paper (iPad-App)

Oder Social Media Verwaltungstools wie z.B. Hootsuite. Mit dem Browser-Plugin Buffer können Sie außerdem Facebook-Updates auch zeitlich planen!

Tipp

Achten Sie beim Posten aus anderen Clients immer darauf, welche Sichtbarkeit die dazugehörigen Meldungen in Facebook haben (*Privatsphäre-Einstellungen → Anwendungen und Webseiten*) und ob sie das Weitersagen ermöglichen. Siehe dazu *http://wp.me/p1vDK6-1C4*.

Facebook-Werbeanzeigen

Erreiche über 800 Millionen Menschen dort, wo sie sich verbinden und Inhalte miteinander teilen

Übersicht   **Fallbeispiele**

Erreiche deine Zielgruppe

- Tritt mit mehr als 800 Millionen potenziellen Kunden in Verbindung
- Wähle dein Publikum nach Ort, Alter und Interessen aus
- Probiere einfache Bilder und Texte für deine Werbeanzeigen aus, um herauszufinden, was funktioniert

Vertiefe deine Beziehungen

- Wirb für deine Facebook-Seite oder deine Webseite
- Verwende unsere „Gefällt mir"-Schaltfläche, um den Einfluss deiner Werbeanzeige zu steigern
- Baue eine Gemeinschaft für dein Unternehmen auf

Kontrolliere dein Budget

- Wähle das Tagesbudget aus, mit dem du dich wohlfühlst
- Passe dein Tagesbudget jederzeit an
- Zahle nur dann, wenn Personen deine Werbeanzeige anklicken (CPC) oder sehen (CPM)

Du hast bereits ein Facebook-Werbekonto? **Verwalte deine vorhandenen Werbeanzeigen ▸**

Um mehr zu erfahren, **besuche unseren Leitfaden für Facebook-Werbeanzeigen ▸**

Auf Facebook Werbung schalten

Facebook ist ein kostenloser Service. Kostenpflichtig sind jedoch die Werbeanzeigen, die man dort schalten kann.

Unter *http://www.facebook.com/advertising/* können Sie sich Schritt für Schritt durch das Erstellen von Facebook-Werbeanzeigen führen lassen. Seitenbetreiber finden seit März 2010 unter reinen Textbeiträgen auch den Link *Bewerben* (anstelle des *Teilen*-Links). Dieser Link führt Sie direkt zum Erstellen einer Werbeanzeige, die zunächst auf dem Inhalt dieses Beitrags beruht. Man kann den Inhalt natürlich verändern.

Facebook-Werbeanzeigen erscheinen dann in der rechten Sidebar der von Ihnen definierten Zielgruppe(n) oder sogar im Nachrichtenstrom. Diese Zielgruppen können sehr detailliert nach verschiedenen Kriterien eingestellt werden. Werbeanzeigen können entweder auf Facebook-Inhalte (z.B. Ihre Fanseite) oder auf externe Websites verweisen. Die Richtlinien für Facebook-Werbung finden Sie unter *http://www.facebook.com/ad_guidelines.php*.

Werbekunden können sich aussuchen, ob sie ihre Anzeige für einen bestimmten Zeitraum oder auf Dauer schalten wollen und ob sich der Preis pro Klick oder nach Einblendung bemessen soll. Mehr Details dazu liefert der Hilfebereich unter *http://www.facebook.com/help/ads-and-business-solutions*.

Bezahlt werden Facebook-Werbeanzeigen via Kreditkarte oder PayPal.

Tipp

Unter *http://www.facebook.com/business/ads/* finden Sie einen Leitfaden von Facebook zum Thema Anzeigen.

Mein Konto

| Einstellungen | Netzwerke | Benachrichtigungen | Handy | Sprache | **Zahlungen** | Facebook-Werbeanzeigen |

Gutschriften
Zum Kauf von virtuel
Facebook.

Zahlungsmethode
Zum Kauf von Faceboo
Werbeanzeigen.

Bevorzugte Währ
Preise in dieser Währu
durchführen.

Kauf von Facebook-Gutschriften

Zahlungsmethode auswählen:

○ Neue Kreditkarte **VISA** **MasterCard**

◉ PayPal **PayPal**

○ Mobile Phone 📱

Bitte lege fest, wieviele Facebook-Gutschriften du kaufen möchtest:

◉ **50 Facebook-Gutschriften** (3,70 € EUR)

○ **100 Facebook-Gutschriften** (7,39 € EUR)

○ **200 Facebook-Gutschriften** (14,79 € EUR)   *Währung ändern*

Weiter **Abbrechen**

Gutschriften (Facebook-Credits)

Einige Anwendungen auf Facebook (wie z.B. einige Spiele) ermöglichen das Kaufen von virtuellen Gütern mittels Facebook-Credits – in der deutschen Facebook-Version mit *Gutschriften* übersetzt. Diese *Gutschriften* müssen mit realem Geld eingekauft werden. Verwalten können Sie Ihre Gutschriften unter *Pfeil → Kontoeinstellungen → Zahlungen → Gutschriften*.

Bezahlen können Sie diese entweder per Kreditkarte (Visa, Mastercard) oder per PayPal. (Die Bezahlweise per Mobiltelefon ist nur innerhalb der USA möglich.)

Gerüchten zufolge soll Facebook mit seinen Credits beabsichtigen, eine Art Standardwährung im Web aufzubauen. Auf jeden Fall stellen sie eine Einnahmequelle mit Zukunft dar, zumal erste Entwickler, die Credits in ihren Anwendungen innerhalb einer Closed-Beta-Version verwenden, 30 % dieser Einnahmen an Facebook „versteuern" müssen. Mehr zu den Facebook Credit Terms finden Sie unter: *http://developers.facebook.com/policy/credits/*.

Manche Spiele ermöglichen auch den Ankauf von virtuellen Gütern mittels eigener Währungen.

Seit Juli 2011 ist die Verwendung von Credits für Spiele verpflichtend!

Jemanden melden, der die Nutzungsbedingungen von Facebook verletzt

URL (Internetadresse) der Person, die du melden möchtest
Bitte kopiere die URL für sein/ihr Profil und füge sie hier ein.

URL (Internetadresse) für den verletzenden Inhalt

Vollständiger Name der Person, die du melden möchtest:

Die Netzwerke, denen er/sie angehört:
Zum Beispiel: „TU Berlin"

Beschreibung und Schritte zum Nachvollziehen des Problems:

Absenden   Abbrechen

310

Fehlverhalten melden

Was tun Sie, wenn jemand Sie mit seinen Kommentaren, Postings oder Nachrichten bösartig angreift oder bedroht? Sie können denjenigen an Facebook melden. Dazu gibt es über dem Zahnrad oben rechts in jedem Profil, jeder Gruppe und auf jeder Seite einen Link (Personen können auch blockiert werden – s. auch Seite 61):

- Diese Person melden/blockieren
- Gruppe melden
- Seite melden (gilt auch für unberechtigt erstellte Seiten, die gar nicht von der/dem angegebenen Marke/Unternehmen/Person autorisiert sind)

Facebook überprüft dann die Meldung und entscheidet, ob derjenige nur verwarnt oder gleich gesperrt wird. Mehr zum Thema Melden erfahren Sie unter *http://www.facebook.com/help/?search=melden*.

Wenn Sie jemand per Nachricht mit Spam überflutet, können Sie ihn mithilfe des Buttons *Spam melden* über der geöffneten Nachricht direkt an Facebook melden.

Mehr zum Thema Missbrauch melden können Sie unter *http://www.facebook.com/report/* nachlesen.

Warum deaktivierst du dein Konto:
(erforderlich)

○ Dies ist nur kurzfristig. Ich komme wieder.

○ Ich finde nicht, dass Facebook nützlich ist.

○ Ich fühle mich bei Facebook nicht sicher.

○ Ich verbringe zuviel Zeit auf Facebook.

○ Ich weiss nicht, wie ich Facebook verwenden kann.

○ Ich bekomme zu viele E-Mails, Einladungen und Anfragen von Facebook.

○ Ich sorge mich um den Schutz meiner Privatsphäre.

○ Ich habe noch ein weiteres Facebook-Konto.

○ Sonstiges

Bitte näher erläutern:

E-Mails abbestellen:
☐ Ich möchte in Zukunft keine E-Mails von Facebook mehr erhalten.
Hinweis: Auch nachdem du dein Konto deaktiviert hast, können dich Freunde immer noch zu Veranstaltungen oder Gruppen einladen sowie auf Fotos markieren. Wenn du den Kasten oben aktivierst, erhältst du KEINE Einladungen und Benachrichtigungen von deinen Freunden mehr per E-Mail.

[Konto deaktivieren]   [Abbrechen]

Konto deaktivieren oder löschen

Wenn Sie Ihr Facebook-Konto nicht mehr benutzen möchten, haben Sie zwei Optionen:

- Deaktivieren: über *Pfeil → Kontoeinstellungen → Konto deaktivieren* (Damit verschwindet Ihr Facebook-Auftritt für andere, Sie haben aber die Möglichkeit, ihn später wieder zu reaktivieren.)
- Löschen: Unter *https://ssl.facebook.com/help/contact.php?show_form=delete_account* können Sie Ihr Konto dauerhaft löschen.

Wenn ein Ihnen bekannter Facebook-Nutzer verstorben ist, können Sie das außerdem unter *http://www.facebook.com/help/contact.php?show_form=deceased* melden. Sein Profil wird dann nach Überprüfung in den so genannten „Gedenkzustand" versetzt. Er ist dann nur noch für seine Freunde zugänglich, die weiter an seine Pinnwand schreiben können.

Tipp

Sollten Sie Ihr Konto nur deaktivieren, aber keine Mails mehr von Facebook bekommen wollen, vergessen Sie nicht, ein Häkchen bei *Ich möchte in Zukunft keine E-Mails mehr von Facebook erhalten* zu setzen!

Deutsch ∨   **Zurück zu Facebook**

Hallo Annette, womit benötigst du Hilfe?

Gib einen Suchbegriff oder eine Frage ein   🔍

Facebook-Grundlagen

Kontoeinstellungen • Fotos • Neuigkeiten • Chat • Privatsphäre • Handy • Mehr

⚠ Etwas funktioniert nicht

Probleme beim Registrieren oder Anmelden • Gesperrtes Konto • Probleme mit Chat • Fehler mit Spielen oder Anwendungen • Mehr

Missbrauch oder Verstöße gegen die Richtlinien melden

Spam • Gehackte Konten • Imitierte Profile • Mobbing • Verstöße gegen Rechte an geistigem Eigentum • Mehr

Sicherheitsbereich

Funktionen und Ressourcen • Informationen für Eltern, Lehrer, Jugendliche und Strafverfolgungsbehörden • Mehr

Werbeanzeigen und Lösungen für Unternehmen

Erste Schritte • Werbeanzeigen • Unternehmensseiten • Plattform • Mehr

Facebook-Hilfe

Known Issues on Facebook

Facebook für Android: Einige Nutzer sehen die Meldung „Keine Internetverbindung", obwohl sie mit dem Internet verbunden sind. Wir kennen das Problem und bedauern die Unannehmlichkeiten.

Gefällt mir nicht mehr · Kommentieren · Teilen
👍 3.073 💬 973 🔁 260   19. April um 19:16

Facebook Tips

Suchst du interessante Menschen zum Abonnieren? Sieh in deinen Abonnementvorschlägen nach. Sobald du jemanden abonniert hast, siehst du dessen aktuelle Meldungen in deinen Neuigkeiten.

Übersetzung anzeigen

https://www.facebook.com/
subscriptions/suggestions/
www.facebook.com

Gefällt mir · Kommentieren · Teilen
👍 3.543 💬 570 🔁 219   19. April um 19:42

Mehr anzeigen ...

🗨 Gemeinschaftsforum   🧪 Feedback

KAPITEL 13 | Hilfe suchen und finden

Facebook ist ein über Jahre gewachsenes soziales Netzwerk, das sich so schnell entwickelt hat, dass es selbst für Fachleute manchmal an Detektivarbeit grenzt, die Lösung für bestimmte Probleme zu finden. Der Hilfebereich von Facebook selbst ist in seiner deutschen Version längst nicht so umfangreich und aktuell wie in der US-amerikanischen Version. Und selbst dort wird man manchmal nicht ohne Weiteres fündig. Wer also Hilfe zu Facebook sucht, hat folgende Möglichkeiten:

- Hilfebereich von Facebook: *http://www.facebook.com/help* oder über *Pfeil → Hilfebereich* (Wechseln Sie ggf. in die US-Version, wenn auf Deutsch keine Auskunft vorhanden ist) – leider gibt es keinen direkten Support.
- Vernetzen Sie sich mit den Seiten, die Facebook zu verschiedenen Themen betreibt, und posten Sie Ihre Frage dort (s. Seite 319).
- Fragen Sie andere Nutzer: *http://www.facebook.com/help/community/*
- Lesen Sie Blogs zum Thema Facebook (s. Seite 317).

Ein kleines Lexikon zu den wichtigsten Begriffen auf Facebook finden Sie auf Seite 149.

Kostenlose PDF-Dateien zu verschiedenen Themen in Sachen Facebook finden Sie unter *http://www.schwindt-pr.com/publikationen.html.*

Unter *http://fbbuch.de* können Sie Updates per Feedreader oder per E-Mail abonnieren.

Oder Sie folgen meinen Facebook-Tipps auf Twitter unter *@fb_beratung.*

Der Facebook-Blog

Timeline: Now Available Worldwide

Interesting News, Any Time You Visit

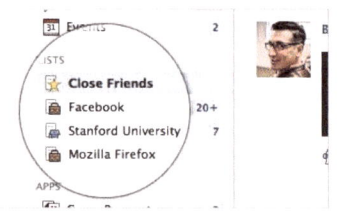

Improved Friend Lists

Introducing New Apps for Timeline
von Carl Sjogreen, Donnerstag, 19. Januar 2012 um 02:26

New timeline apps are now available from Foodspotting, Foodily, Ticketmaster, Pinterest, Rotten Tomatoes, Pose, Kobo, Gogobot, TripAdvisor, and others. You can now enhance your timeline with apps that help you tell your story, whether you love to cook, eat, travel, run, or review movies.

Apps bring your timeline to life
Once you've added an app, you can begin updating your timeline with your activities as they happen. For example, if you love design, shopping or fashion, you can add the Pinterest or Pose apps to make your favorite items...

Mehr anzeigen

Gefällt mir · Kommentieren · Teilen

Blog durchsuchen

Beliebteste Meldungen

Introducing New Apps for Timeline
42027 45826

Timeline: Now Available Worldwide
34103 24379

Listen to Music With Your Friends
32765 18451

Timeline: Now Available on Mobile
47964 43879

A Faster Facebook for Android

Blogs zum Thema Facebook

Es gibt zahlreiche Blogs, die regelmäßig oder sogar ausschließlich über Facebook berichten, darunter:

- Facebook-Blog: *http://blog.facebook.com/*
- All Facebook: *http://www.allfacebook.com/*
- Inside Facebook: *http://www.insidefacebook.com/*
- allfacebook.de: *http://www.allfacebook.de/*
- futurebiz.de: *http://www.futurebiz.de/*
- Thomas Hutters Social Media Blog: *http://www.thomashutter.com/*
- Und natürlich mein Blog „In Sachen Kommunikation": *http://blog.schwindt-pr.com*

Facebook

Produkt/Dienstleistung

Pinnwand

 Pinnwand

 Info

 Fotos (64)

 Resources

 Stories

 Press

 Video

 Facebook Live

Mehr ▾

34.840.656
Personen gefällt das

Gefällt mir   Alle anzeigen

 Known Issues on Facebook

 Democracy UK on Facebook

 Facebook Mobile

 Facebook
Australia & New

 Facebook

Story of the Week: A bride-to-be never thought she'd see her wedding ring again after losing it on a beach. Then thanks to a status update and the help of a metal detector, the ring was found buried in the sand just 36 hours later.

 Miracle rings true for Sarah | Stuff.co.nz
www.stuff.co.nz

A miracle is what Sarah Wheeler was hoping for when she posted a Facebook message and that's exactly what she got.

Vor 15 Stunden · Gefällt mir · Kommentieren · Teilen

👍 10.306 Personen gefällt das.

💬 Alle 1.688 Kommentare anzeigen

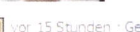 Schreibe einen Kommentar ...

 Facebook

Have your friends on Facebook helped you land a job or take a big step in your career? Read about how one woman landed her dream job because of her love of Facebook, then share your own story at: http://ow.ly/3Uhu0

 **Pinnwand-Fotos**
Kanchan Lad from Mumbai, India, landed her dream job thanks to her love of Faceb...

Mehr anzeigen

Von: Best of Facebook Stories

Gestern um 02:04 · Gefällt mir · Kommentieren · Teilen

👍 8.709 Personen gefällt das.

💬 Alle 3.315 Kommentare anzeigen

Seiten zu bestimmten Facebook-Themen

Wenn Sie sich über bestimmte Themen innerhalb von Facebook auf dem Laufenden halten wollen, können Sie Fan der passenden Seiten werden. Einige davon sind:

- Facebook Deutschland allgemein: *http://www.facebook.com/FacebookDeutschland*
- Facebook (generell): *http://www.facebook.com/facebook*
- Facebook Pages (zum Thema Fanseiten): *http://www.facebook.com/FacebookPages*
- Facebook mobile: *http://www.facebook.com/mobile*
- Facebook Platform: *http://www.facebook.com/platform*
- Facebook Privacy: *http://www.facebook.com/fbprivacy*
- Facebook Security: *http://www.facebook.com/security*
- Facebook Marketing Solutions: *http://www.facebook.com/marketing*
- Facebook Marketingkonzepte: *http://www.facebook.com/FacebookMarketingkonzepte*
- Facebook Data (Statistisches): *http://www.facebook.com/data*
- Known Issues (bekannte Probleme): *http://www.facebook.com/KnownIssues*

Tipp

Wenn Sie über anstehende Änderungen der Facebook-Richtlinien informiert und darüber mitbestimmen wollen, sollten Sie bei dieser Seite *Gefällt mir* anklicken:

Facebook Site Governance: *http://www.facebook.com/fbsitegovernance*

Dein Vorschlag

Facebook begrüsst deine Vorschläge und dein Feedback. Bitte gib unten einen kurzen Betreff und zusätzliche Details an.

Vorschlag:

Weitere Einzelheiten:

Leider können wir auf deinen Vorschlag nicht direkt antworten. Solltest du Probleme mit deinem Konto haben, verwende bitte das entsprechende Formular im Hilfebereich.

Absenden   Abbrechen

Verbesserungsvorschläge an Facebook senden

Facebook-Nutzer wissen aus eigener Erfahrung, wo Facebook Verbesserungsbedarf hat. Deshalb bietet Facebook am Ende jedes Hilfethemas einen Link an, der *Du hast einen Vorschlag? Erzähle uns davon.* oder ähnlich heißt. Hinter dem Link verbirgt sich ein Formular, über das man seinen Verbesserungsvorschlag an Facebook senden kann.

Direkt zum Vorschlagsbereich gelangen Sie über *http://www.facebook.com/help/ ?page=183300361718935*

Ausblick

Facebook entwickelt sich immer mehr zu einem „Web im Web", an dem man kaum noch vorbeikommt. Facebook ist bereits das wichtigste Medium zum Weitersagen und einer der wichtigsten Traffic-Lieferanten. Um diese Position zu sichern, wird Facebook (wie alle anderen Social Media) ständig weiterentwickelt. Mit dem Open Graph hat Facebook die Vernetzungsmöglichkeiten über die eigene Plattform hinaus um ein Vielfaches erweitert und holt damit immer mehr Teile des Webs zu sich herein.

Wohin genau der Weg führt, wird sich noch zeigen. Aber eines ist sicher: Facebook hat noch viel vor!

Kleines Facebook-Lexikon

Abonnenten = Nichtfreunde, die die öffentlichen Updates eines Profils in ihren Newsfeed bestellt haben – sofern dies vom Profilbesitzer freigeschaltet wurde

Anwendungen = Programme, mit denen die Funktionen eines Profils oder einer Seite erweitert werden können (s. Kapitel 7). Anwendungen können nur von Privatkonten aus hinzugefügt werden. Auch Spiele, Quizanwendungen und bestimmte Standards von Profilen und Seiten (z.B. Links oder Fotos) sind Anwendungen.

@mention = Verlinkung eines Profils, einer Gruppe oder Seite, mit dem/der man vernetzt ist (s. Kapitel 4 und 10).

Benachrichtigungen = Meldungen über ein Ereignis (z.B. darüber, dass man einen neuen Kommentar bekommen hat) an einen Nutzer.

Chronik = (englisch Timeline) neues Layout von Facebook-Profilen und Seiten, das auch das Zurückdatieren von Beiträgen und damit die Darstellung ganzer Lebensläufe, Projektentwicklungen oder Firmengeschichten ermöglicht.

Freund = Nicht als „Freund" im eigentlichen Wortsinn zu verstehen, sondern Bezeichnung für eine andere Privatperson auf Facebook, mit der man sich vernetzt hat (s. Kapitel 2). „Kontakt" wäre hier eigentlich passender.

Gemeinschaftsseite = Seite zur Unterstützung eines guten Zwecks oder eines anderen Themas, die von der Facebook-Gemeinschaft übernommen und verwaltet wird, wenn sie viele Tausend Fans bekommt. Auch automatisch von Facebook generierte Seiten zu Interessen etc., mit denen man sich vernetzen kann.

Gruppe = von Privatperson gegründete Plattform innerhalb von Facebook, die dem privaten Austausch von Meinungen zu einem bestimmten Thema dient (s. Kapitel 9). Andere können Mitglied einer Gruppe werden (einseitige Vernetzung).

Herausgeber = Übersetzungskuriosität (sollte wohl eigentlich „Editor" heißen). Gemeint ist das *Was machst du gerade?*-Formular, über das man Beiträge (Postings) mit anderen teilt.

Liveticker = Ab 100 Freunden wird in der rechten Spalte der Startseite oben sowie in der Chatleiste oben in Echtzeit angezeigt, was Ihre Kontakte gerade tun (sofern diese Aktivität für Sie sichtbar ist).

Mitglied = Gruppenmitglied = Person, die sich über ihr Profil mit einer Gruppe vernetzt hat.

Nachrichten = Nicht-öffentliche Privatnachrichten, die zwischen zwei oder mehreren Nutzern verschickt werden können (s. Kapitel 7).

Newsfeed = (vom Englischen „Feed" = Einspeisung) Nachrichtenstrom aus Kopien von Beiträgen derjenigen, mit denen Sie sich vernetzt haben. Dieser Newsfeed wird entweder automatisch oder eigens vom Nutzer (über Freundeslisten) zusammengestellt, um über die Beiträge von anderen auf dem Laufenden zu bleiben. Facebook zeigt Newsfeeds auf der Startseite an.

Offizielle Seite (auch Seite oder Fanseite genannt) = vom offiziellen Rechtsvertreter eines Unternehmens, einer Marke oder einer öffentlichen Person erstellte Seite innerhalb von Facebook, die grundsätzlich öffentlich ist und dem Verbreiten von Neuigkeiten sowie der Kommunikation über den Gegenstand dieser Seite dient (s. Kapitel 10). Andere können sich per Klick auf „Gefällt mir" mit dieser Seite vernetzen (einseitige Vernetzung).

Open Graph = Vernetzungsgeflecht von Personen in und über Facebook hinaus

Posten/Posting = Das Veröffentlichen von Beiträgen wird auch Posten – vom Englischen „to post" – genannt. Etwas, das man gepostet hat, nennt man auch ein Posting, d.h. einen veröffentlichten Beitrag (s. Kapitel 5).

Persönliches Konto = Standardkonto für reale Personen, das immer mit einem Profil verbunden ist (s. Kapitel 1). Von einem persönlichen Konto aus können Sie auch Gruppen gründen, Seiten erstellen, Anwendungen benutzen und überall mit anderen kommunizieren.

Profil = Persönliche Präsenz innerhalb von Facebook, über die Sie sich mit anderen als Freund vernetzen und Informationen mit ihnen teilen.

Seite = Offizielle Seite, Gemeinschaftsseite oder Ortsseite (Places)

Social Apps = Anwendungen, die auf ein gemeinschaftliches Erleben mit Ihren Freunden ausgelegt sind.

Social Plugins (Like-Button, Like-Box etc.) = Auf Websites einbettbare Erweiterungen von Facebook, die der Vernetzung mit Fanseiten oder dem Weitersagen externer Inhalte nach Facebook dienen. Eingeloggte Nutzer sehen sie in personalisierter Form. Datenschutzrechtlich umstritten.

Tagging = Jemanden auf Fotos, Videos oder Notizen verlinken (s. Kapitel 5)

Targeting = Postings oder Werbeanzeigen für bestimmte Zielgruppen veröffentlichen (s. Kapitel 5)

Teilen = Irreführende Übersetzung des englischen Begriffs „Share", der sowohl „mit anderen teilen" als auch „Weitersagen" bedeuten kann. Facebook benennt mit „Teilen" sowohl das Veröffentlichen eines Beitrags im Herausgeber-Formular als auch das Weitersagen bereits veröffentlichter Beiträge.

Unternehmenskonto = Eigene Art von Konto nur für Unternehmen (s. Kapitel 4), das kein Profil beinhaltet und nur zum Erstellen einer Seite für dieses Unternehmen dient. Benötigt zur vollen Nutzung (Hinzufügen von Anwendungen, Einrichten von Alias etc.) zusätzliche Administratoren mit persönlichem Konto.

Index

W